渡辺 徹

すべては出会い

渡辺徹の愛され人生

きずな出版

俳優、渡辺徹。

1961年5月12日、茨城県古河市出身。

天性の人懐こさで、浮き沈みのある芸能界を生き延びました。

人気ドラマ「太陽にほえろ!」の新人ラガー刑事役。

20歳で当たり役と出会い、そこからマルチの才能を発揮していく。

1982年、役者業の傍らにリリースした「約束」(作詞:大津あきら、作曲:鈴木キサブロー)が大ヒット。グリコアーモンドチョコレートのCMソングに。

その愛らしい表情で、ファンの母性をくすぐりました。

1987年、トップアイドルだった榊原郁恵さんと結婚。

1989年、長男・裕太、誕生。

夫婦仲は評判で、二人の子どもに恵まれました。

20歳で飛び込んだ芸能界。

歌に司会に、ナレーションにと幅広い活躍を見せながら、
しかし、軸足はぶれません。

生涯、舞台役者。
生涯、文学座。
10代で芝居に魅せられ、
杉村春子、北村和夫、
追いかけてきた名優たちの背中が、人生の道しるべでした。

いつも前向き。
自分のことをここまで楽しくしゃべる人も、そうそういないでしょう。

「ザ・インタビュー～トップランナーの肖像」
（2016年1月15日収録より）

本書は、著者が積極的に行ってきた講演活動の中から、俳優になったきっかけ、その仕事をする中で学んだこと、体験したこと、さまざまな出会い、仕事への思い、家族への思いを語ったものを中心に、編集部で構成、編集したものです。

著者の言葉を、できるだけ、そのままに再現していますが、重複しているお話などは省略、または言葉を整理して掲載させていただきました。

また、一人称は基本的に「僕」で統一しました。それ以外にも、表記、文字統一を行っていることがあります。あくまでも、著者がその都度、伝えたかったことを、より伝わりやすい形になることを一番に置きながら、編集、調整させていただきましたことをお断り申し上げます。

目次

1 第1章 夢の始まり

——自分の中に芽生えた思い

第2章　2　自分の役割
——大人として何ができるか

3

第3章 創造する人生

――芝居、演劇が教えてくれたこと

第4章

4 すべては出会い

――人生を変えていく力

5

第5章 家族の絆

――妻と出会い、家族に恵まれた人生

［写真提供］P.16 聖教新聞社／P.19 文学座／P.55 撮影：山田英博／P.87 撮影：飯田研紀／P.119 文学座／P.146文学座／P.181 パートナー・オブ・ザ・イヤー2021／P.221 文学座

［出　典］

導入ページ（p. 19）
第1章　　夢の始まり——自分の中に芽生えた思い
第2章　　自分の役割——大人として何ができるか
　令和3年度　関東地区公立小・中学校女性校長会総会及び研究会茨城大会　講演（2021年）

第3章　　創造する人生——芝居、演劇が教えてくれたこと
　2011年度　丘里ジョイントクラブ第3回全体会10周年記念講演「夢の実現」

第4章　　すべては出会い——人生を変えていく力（p. 120-131）
第5章　　家族の絆——妻と出会い、家族に恵まれた人生
おわりに——おかげさまで豊かな人生
　長野 松本法人会　講演「出会いと絆」（2021年11月）

第4章　　すべては出会い——人生を変えていく力（p. 132-145）
　メディアサイト「withnews（https://withnews.jp/）」「『志村さんは死んでいない』渡辺徹が語った『近くて尊いスター』」（2020年10月29日配信）

第4章　　すべては出会い——人生を変えていく力（p. 146-180）
　YouTube［BUNGAKUZA AT HOME］「卓造＆徹の部屋［前編・後編］」（2020年10月29日収録）

協力　瀬尾徳孝

すべては出会い——渡辺徹の愛され人生

さて。

ここにしゃしゃり出てきたわけでございますが、そもそも「渡辺徹っていうのは何をやってる人だ？」っていうのを、ひょっとしたらご存じない方も多いかもしれませんので、その辺から、ちょっとお話しさせていただきます。

僕は、文学座という劇団の座員でございます。つまり、劇団員なんです。ということは、舞台での芝居を生業として、40年（2021年当時）になります。

文学座というところの門を叩いて、今日に至っているわけですが、どうして、芝居の世界に入ったのか、ということから、まずは、お話をさせていただこうかと思っております。

1

（第１章）

夢の始まり

自分の中に芽生えた思い

「みんなで何かをつくる」という喜び

自分の経歴をかいつまんでお話ししますと、出身は茨城県の古河市。小さい頃はサッカー少年で、サッカーに明け暮れておりました。一方で、小学校、中学校、高校とずっと生徒会長をしてきました。かいつまむと、ちょっと自慢のように聞こえるかもしれませんが、要は、仲間たちといろいろ企画して、学校行事に従事していました。それを楽しく思って過ごしてきた学生時代でした。

とくに高校のときには、仲間に恵まれて、自分たちの学校だけではなく、茨城県下の高校生にも声をかけて、「みんなで何かやってやろう」と息を荒く、それこそ青春という感じで、いろいろ活動することができました。

いま思い返しても、この活動は、自分の中で大きな経験になりました。

何がそう思わせたのか？

というと、

「みんなで何かをつくる」

ということを、自分の生業にできないものだろうかと思い始めたのが、この経験からだと思うからです。

高校は、一応進学校でしたから、受験して大学に行くという、一つのレールには乗っていたわけです。

まずは、自分の「枠」をはずす

でも、それでいいのか、という思いが生まれたんです。

何かをつくる、というのは、自分の中で決まっていました。

大学に進めば、サークル活動でそれをすることになるのは、予測できました。

つまり、「大学」という枠の中で、それをするわけですが、

「最初から、大学という枠にこだわらなくてもいいんじゃないか」

「最初から、クリエイティブなところに飛び込んでいいんじゃないか」

という考えに変わっていきました。

そして、また考えました。

「クリエイティブに何かをつくりだす」という仕事は何か？

そう思って世間を見まわすと、どんな仕事も、一人ではできない。みんなでやるのが仕事だったわけです。

たとえば、八百屋さんでも魚屋さんでも、銀行にお勤めでも、かわりはないでしょう。

その中で、高校1年生のときに、地元の古河市でアマチュアの劇団でお手伝いをさせてもらったことがあったのを思い出したんです。

アマチュアの劇団ですから、参加している人たちは、本業の仕事が終わってから、芝居をやりにくるわけです。

そこに知り合いの大人がいて、「ちょっと手伝ってくれ」と言われたのです。

「小道具をつくったりするのかな」と思っていたら、人が少なかったせいか、「ちょっと通行人をやってくれ」「どうせなら一言、喋ってくれ」となったんです。

言われるままにやってみると、

「台詞うまいじゃないか。

だったら、もうちょっと大きい役やってみて」

「素晴らしいよ、徹くん！　主役やってよ」

と、ただの手伝いが、いきなり主役をやらされることになったわけです。

後から思えば、騙されたんですね（笑）。

若い人がいなかったので、最初から、そういう予定だったようです。

そうして、そこで「芝居」というものを経験するわけです。

そこでの初めての仕事は、地元にある老人ホームの慰問。おじいさん、おばあさんの前で芝居をしたのですが、それは緊張しました。

●「芝居ってすげえな」

初体験でしたから、頭が真っ白になって、覚えた台詞を言うのが精一杯でした。

しかしながら、その芝居が終わってお辞儀をした瞬間に、おじいさん、おばあさんたちが拍手をくださったんです。

それにびっくりしたんです。

「お芝居って、こんなにも喜んでくださるものなんだ」

「そういえば、さっきは何か笑ってくださっていた」

「その後には、泣いてもくださってた」

――「芝居ってすげえな」という印象を、そこで持ちました。

だからといって、そのまま、すぐに演劇をやろうとは思いませんでした。

でも、「みんなで何かをつくる」ということをやりたいと思ったときに、

「芝居がそうじゃないか」

と思いついたんです。

しかし、アマチュアでやるのは違う。プロの道に入っていくのが、自分の思いとしての筋なんだ、と考えました。

では、どうするか？

何のノウハウもなく、芝居のプロにどうすればなれるのかもわからない。

それで、お世話になったアマチュアの劇団の主宰者に相談に行きました。

久しぶりに訪ねて、自分の思いを言葉にしてみました。

主宰者は、若い僕にとっては、おじいちゃんでしたが、話を聞いてくれて、

「だったら徹、どうせやるなら、中途半端はやめろ。

日本一を目指しちゃえ。

いま演劇界の中で、東大と言われる場所がある。

そこを受けてみたらどうだ？」

と言ってくれました。

「はい。どこですか」と聞くと、

「文学座というところだ」

と言うのです。

ここで初めて「文学座」というのを知ったわけです。

急いで調べてみると、文学座出身の俳優さんというのは、有名な方ばかりでした。

そもそも文学座をつくられたのは、芝居の神様といわれる杉村春子先生です。

その杉村先生をはじめ、北村和夫さん、太地喜和子さん、江守徹さん、角野卓造さん、樹木希林さん、黒柳徹子さん、桃井かおりさん、松田優作さん、中村雅俊さん、内藤剛志さん、田中裕子さんなどなど、あげていけばキリがないほど、活躍している俳優さんの多さに本当に驚きました。

でも、「よし、これは絶対に受けてみよう」と思ったわけです。「受けてみる」というのはどういうことかというと、文学座に入るには、「文学座附属演劇研究所」というところを受験しなければならないのです。

決意したときには受験日が近かったので、とにかく受験を申し込みました。

第1次試験の会場は、東京の四谷にある上智大学でしたが、東京はめったに行ったことがなかったので、緊張しながらも、行き方を間違えないように、ずいぶん朝早くに家を出て電車に乗りました。

四ツ谷駅を降りたら、人がぞろぞろ歩いていくのです。あんまり人が多いので、「今日は何か催し物でもあるのかな」と思っていたら、これが全員、文学座を受験する人たちだったんです。

あとからわかったことですが、文学座に合格できるのは60人。ところが僕が受けた年は受験生が2300人いたそうです。またまた自慢のようになって恐縮ですが、自分でも、これは凄いことだったと思っています。

人生の壁にぶつかったとき

文学座に入って、最初の1年は、普通の学校と同じように、毎日毎日、勉強です。

ジャズダンス、クラシックバレエ、日本舞踊、それから立ちまわり、そして声楽。演劇に関しては、洋の東西を問わず、古典から前衛的なものまで。理論、実践と、さまざまに勉強しました。

そうして1年がたったら、同期の60人は10人に絞られて、上のクラスの「研修科」に進むわけです。

ここで文学座のシステムを説明しますと、研修科の10人は、さらに5人に絞られて、「準座員」として2年間、活動します。その中から、1人か2人が文学座の「座員」になります。

一応、そういうステップを踏まなければなりません。

前であげた有名な先輩の皆さんも、この段階を経て、文学座に入ったわけです。

僕は、有り難いことに、上に残っていくわけですが、一方で、その途中に、テレビデビューを迎えるのです。

もうご存じの方も少なくなりましたが、「太陽にほえろ!」という刑事ドラマが、僕のテレビにおけるデビューということになります。

文学座の60人から、上のクラスの10人に残ったところで、「太陽にほえろ!」から声をかけていただきました。

「新人刑事の役をやってみないか」

というオファーでしたが、青天の霹靂とはこのことです。

もともと「太陽にほえろ!」の大ファンで、小学生のときからずっと見ていました。

家の近所に土手があったのですが、そこでよく友達と、「『太陽にほえろ！』ごっこ」をやっていました。拳銃の音を口で「バンバン」なんて言いながら、犯人役を「待てー！」と追いかけるわけです。

それが本当に、そのドラマに出られる、ということになったわけです。

もう信じられませんでした。

実感が湧かないというか、地に足がつかないというような状態で、もちろん、お誘いは喜んでお受けしました。

そして実際に撮影場に行ってみましたら、またまた、びっくりです。

やっていることは、小学生時代と変わらないのです。

拳銃を持って「バンバン」とやっているんです。

小学生時代は、土手からすぐ近くが自宅で、暗くなるまで遊んでいると、うちのおふくろが、土手の下から「いつまでも馬鹿なことやってないで、帰ってきなさい！」と言われていました。

撮影場では、当時と同じように「バンバン」やっているだけで、こんどは、お金がもらえるようになったわけです。

「なんなんだ、この世界は！」と、まさに夢心地でした。

NGの連続

ところが、やっぱりプロの世界というのは、浮かれてばかりはいられません。

現場に入って、いきなりお会いしたのが、石原裕次郎さんです。銀幕の大スターであり、「太陽にほえろ！」のボス、石原裕次郎さんの前で、台詞を交わすのです。

他の出演者、山さん（山村精一役、露口茂さん）、長さん（野崎太郎役、下川辰平さん）、ゴリさん（石塚誠役、竜雷太さん）など、テレビでしか見たことなかった人と芝居をするというのは、いまにして思っても緊張するのは当たり前ですが、うまくいきませんでした。

文学座だってもちろん厳しかったですが、それでも学校ですから、撮影場は、それとはまったく違う空気でした。

「NG！　もう1回やれ！」

「NG！　もう1回やれ！」

監督に怒られ、先輩から怒られ、NGの連続です。

僕は新人刑事の役でしたが、新人刑事というのは、朝から晩まで、とにかく走る。走り続けるのです。文字通り、身も心もボロボロになりました。

意気揚々と現場に入ったはずでしたが、すぐに、高くなっていた鼻をへし折られた、という感じでした。

そのときは、もうボロボロになってしまって、正直なところ、入って1週間くらいには、「やめさせてもらうかな」と思うほどでした。

本当に大変な環境で、何をやっても、うまくいかない。

そんな中で、突然、スケジュールの関係で一日だけ休みができたんです。じつは軽い肉離れも起こしていたし、頭もいっぱいいっぱいだったので、休めたのは、天の助けでした。

とにかく撮影のことは忘れて、リセットしたいと思って、読みたかった本を一冊持って、近所の公園に行きました。

朝の10時ぐらいだったと思いますが、ベンチが空いていたので、そこに寝そべって、本を読んだりしていたんです。

公園ですから、ちっちゃな子どもたちがいます。お母さんに連れてきてもらったんでしょう。

子どもたちは、いくつかのグループに分かれて、それぞれ遊んでいました。

すると、砂場で遊んでいた子たちが、なにやら、もめているんです。

内心、「うるさいな」とか思いながら、何をやっているのか見てみると、みんなで砂場に積み木を積み上げていたんです。

それが、うまくいかない。

それは当たり前ですよ。砂場ですから、積み上げたそばから、土台の砂が崩れていきます。思わず、「アホか」とツッコみたくなりました。

でも、途中までは、それでもうまくいくんですが、あるところまで来ると、バッと崩れてしまう。そのたびに、子どもたちは、ワーッと騒ぐのです。

よく見ると、上のほうに、重そうな積み木を載せているんです。それでは、崩れるのは当然でしょう。

子どもたちは、それを繰り返しているんです。

そうなると、もう、崩れるためにやっているとしか思えないほどでした。

「馬鹿だなあ。何かアドバイスしてやろうかなあ。何やっているんだよ」

なんていう気持ちで見ていたんですが、そのときに、子どもたちのことをずっと見ている自分にハッとしたんです。

公園の子どもたちに教えられたこと

撮影の現場で、なかなか台詞にＯＫがもらえない。それで、家で一生懸命に台本を読んで本番に臨むのですが、それでもうまくいかないわけです。

その理由が、そのとき、わかったのです。

自分の中に、

「なんとか、うまく台詞を言おう」

「なんとか先輩たちに負けないように上手にやりこなしたい」

という欲があったのです。

でも、いま自分は、その子どもたちに見入っているわけです。

魅せられているわけです。

子どもたちは、僕に見せようと思ってやっていないんです。

目の前の積み木にしか興味がない。

よく見せようとか、手伝ってもらおうとか、そういう気持ちは一切なく、彼らの頭の中には積み木のことしかない。

そうして一生懸命やっているから、その姿を、自分は見入ってしまう。

「ああ、芝居は、こうでなきゃいけないんだ」

ということを、その子どもから教えてもらいました。

つまり、うまくやろうとか、ほめてもらおうとか、そういうことではなく、本当に、その台詞に興味を持って、心をこめてやれば、うまいも下手も関係ない、人を動かすことができるんだ、ということに気づかされたのです。

翌日、撮影所に入った僕は、変わっていたと思います。

たとえば、

「ボス、俺に行かせてください」

という台詞があったら、それまでは、格好つけて、いろんなプランを立てて言っていたのですが、その日からは、もう余計なことは考えないことにしました。

ただ、まっすぐ、棒読みするくらいの気持ちで、

「ボス！　俺に行かせてください！」

とやってみました。それは、まるで子どもたちが積み木に向かうように、そこだけに集中して、やってみたのです。

そうしたら、あら不思議！

監督が、あっさり「ＯＫ！」をくれたのです。

それからは、すべてうまくいきましたと言いたいところですが、そう簡単ではありません。新人ですから、それからも、いろいろなことがありました。

それを一つひとつ乗り越えながら、やってきました。

俳優からアイドルへ？

いまでは、もうご存じの方は少ないと思いますが、渡辺徹は「太陽にほえろ！」でデビューし、いつの間にか、歌も出しました。ちょっと、アイドルみたいな活動もしました。その後は、テレビ番組の司会をしたり、バラエティ番組に出たり、いろいろなことを幅広くやらせていただきました。

どうして、そんなふうに広がっていったかといえば、それには、一つ、つながりがあったんです。

それは「太陽にほえろ！」をやっていたとき、コマーシャルに出ないかというお誘いをいただいたのです。

そんな余裕はまったくなかったので、お断りしようと思ったら、そのCMは「太陽にほえろ！」の大スポンサー、出資してくださっているお菓子メーカー、グリコからの依頼だったのです。

スタッフから「断る馬鹿がいるか？」と言われて、お受けしました。

ちょうど、小泉今日子さんがデビューのときで、たしか彼女は16歳でした。年の差カップルの設定で、CMがつくられることになりました。

ついでに、CMソングも歌ってみませんか、と言われて、歌はもともと好きで、高校生のときにはバンドも組んでいたので、そのレコーディングも、すんなり決まってしまいました。

その曲が「約束」（作詞：大津あきら、作曲：鈴木キサブロー）です。

それがヒットして、「ザ・ベストテン」「ザ・トップテン」という歌のランキング番組にも出演しなければならなくなったのです。

ちなみに、そのときに「ザ・トップテン」の司会をしていたのが榊原郁恵さんで、直接会ったのは、そのときが初めてでした。

初めての「ザ・ベストテン」

歌がヒットしたのは本当にラッキーなことだったと思いますが、そうした番組に出るのは、じつは、あまり乗り気ではありませんでした。

ようやく「太陽にほえろ！」の撮影所には慣れてきたところでしたが、歌番組はテレビ局のスタジオで、ということになります。

それまでテレビ局には行ったことがなかったので、緊張します。

「ザ・ベストテン」の司会は、当時、黒柳徹子さんと久米宏さんでした。

すごい人気で、そこに出られるのは、それこそ凄いことだったんですが、でも、だからこそ緊張してしまうので、初めて「ザ・ベストテン」に出たときには、「太陽にほえろ！」の撮影所からの中継でお願いできないか、わがままを言いました。

ＯＫをいただけて、前の晩から緊張して、歌詞を間違えたらいけないと、一生懸命に覚えました。本番が近づいてくると、心臓の音が聞こえるぐらいにまた緊張して、そして、いよいよ始まります。

スタジオの声が聞こえてきます。

「さて、今週の第○位！　初登場『約束』渡辺徹さんです」

「渡辺徹さんは、世田谷の撮影所にいらっしゃいます」

そして黒柳さんが、「渡辺徹さーん！」と呼びかけてくださった。

「あの黒柳徹子さんが俺の名前を呼んでくれた！」と思ったところで、もう、それだけでも緊張して、トークがあったと思うのですが、何を話したのかも、よく覚えていません。

「そうしたら歌っていただきましょう。『約束』です！　どうぞ！」

と、もう音楽が始まりました。

「約束」の出だしは、

「ちいさな夢を　唇に　歌って君は　僕と出逢った〜」

というものですが、前奏が終わって、なぜか、

「ちいさな胸に唇を」

と歌っちゃいました。

●失敗からの展開

心の中で「違う〜！」と叫んでいました。しかも、「なんとなく、まずい意味だ！」と気がつくわけです。

生放送。もう元には戻れない。

テレビの生放送で、いちばんしてはいけないのは、無言になることです。

無言になると、放送事故という扱いになってしまうので、とにかく続けなければ

ばなりません。けど、頭は真っ白。歌詞は浮かんでこない。

「しょうがない！」と、そこから作詞が始まります。

本当の歌詞は「歌って君は　僕と出逢った」というところを、

「君を抱きしめ　燃えていくのさ」

と、どんどん違う世界に行ってしまいました。

まずいことに、初登場の人には、歌詞のテロップが出るんです。

テロップと歌が、あまりにも違うので、途中でテロップはなくなったそうです。

いまだに、当時のスタッフに会うと、「あとにも先にも、あれほど違っていたのは徹さんが初めてでした」と言われます。

もう散々な歌番組初出演だったのですが、それでも歌はヒットして、こんどは、レコード会社の人が「コンサート、やりませんか？」と言うのです。

コンサートは芝居と同じで、お客さんの目の前でやるわけですから、それなら大丈夫だろうと思ったのですが、デビュー曲もちゃんと歌えないのに、二十何曲も歌えるはずがないわけです。

途中でやっぱり歌詞が出なくて、「う〜ん。あれ？」と、マイクを持って、頭をうなだれていたら、ファンは有り難いものです。

客席から、「徹さーん！　泣かないで！」と声をかけてくれました。

僕が感極まって泣いている、と思ってくれたんです。

以来、僕のコンサートは、「よく泣くコンサート」となっています（笑）。

100パーセントで生きる

コンサートでは、歌だけでなく、おしゃべりのコーナーがあります。
これは楽しくて、歌をカットしてでも、おしゃべりの時間が長くなっていきました。
あるとき、テレビ局のプロデューサーがコンサートを見に来て、
「おしゃべり、面白いじゃないですか。
バラエティの司会なんかをやってみませんか」
と言ってくださったんです。
「ぜひ、やってみたいです！」と、番組の司会もやるようになりました。

そこからは、いろいろな方との出会いがありました。

志村けんさんとコントをしたり、という経験もさせていただいて、本当に、思い出深いことばかりです。

俳優としてだけでなく、歌や司会、いろいろなジャンルを多岐にわたってやらせていただいて、自分で言うのはおこがましいですが、順風満帆な毎日でした。

ところが、あるとき、ふと、不安な気持ちが芽生えたのです。

●「このままで終わっていいのか」

人間というのは、どんなに恵まれている状況でも、不安を持ってしまう生き物なのでしょうか。

勢いで、いろいろなことをやってきていたわけですが、

「俺って何者?」

と考えるようになったのです。

「自分の肩書きは、俳優なのか、歌手なのか、お笑いの人なのか」

「このままで一生を終わっていいのか」

仕事は順調でしたが、そういうふうなことを考えるようになっていました。

自分の生き方、人生に疑問を感じてしまったわけです。

いったん疑問が芽生えると、仕事もギクシャクしてきます。

どこか、何もかもが中途半端になって、いわゆるスランプのような状態に入ってしまいました。

自分の中で、「あれ？　ちょっと待てよ」とストップがかかりました。

サッカーをやっている経験からお話しさせていただくと、スランプになったときには、「基本に戻れ」と言われます。これはサッカーに限らず、運動全般に共通していることだと思います。

それで、いま自分は人生のスランプにある、と思って、こういうときには基本に戻ったほうがいいと考えたんです。

基本に戻るには、どうするか。

これは、自分の俳優としての出発点、文学座をつくった杉村春子先生に相談してみようと思いました。

劇団に行って、アポも取らず、杉村先生が出てくるのを待ちました。

そして、先生が出てこられたところで、いきなり、

「いま悩んでいます！　どうしたらいいでしょうか？」

と申し上げたのです。

すると先生は、

「徹ちゃん、あなたは何がやりたい？　もう一回確認します」

と言われました。

「はい、芝居をやっていきたいです」

それが自分の本心でした。

「そう。だったら何でもおやりなさい。

すべて役者として、血となり肉となりますわよ。

その代わり、いいですか。やるからには中途半端はダメよ。

歌をやるにしても、お笑いのことをやるにしても、１００パーセント、汗をかいてやりなさい。そうじゃなかったら、やめなさい。

意味なんか考えずに、とにかく１００パーセント、身も心も汗をかいて、ぶつかっていってごらんなさい。そうしてこそ、血となり肉となりますわよ」

杉村春子先生は、そう言って、スッと仕事に行かれました。

ほんの2分ぐらいのことだったと思います。

すぐに、「ああ、そうか」とまではいきませんでしたが、杉村先生がそうおっしゃるんだから、とりあえず、とにかく、「１００パーセント」をテーマに、もう一遍やってみよう、と思って、それを今日まで続けてきました。

最近になって、ようやく、杉村先生のおっしゃっていた意味がわかるようになってきました。

それはどういうことかと言いますと、うまいとか下手じゃなくて、一生懸命やっていますと、そのジャンル――歌なら歌、お笑いならお笑いの第一線で活躍している人と出会うことができるようになる。

一生懸命やっていますと、その第一線で活躍している人が、

「一生懸命やっているね。俺のときはこうだったよ」

「私はこうだったわ。こうやって乗り越えたわ」

というような話を聞かせてくれるようになるんです。

第一線で活躍している人の経験が聞けるというのは、自分の人生にプラスアルファがつくようなものです。

自分の人生というのは、一つしかありません。自分が経験したことだけが、人生になるわけです。

でも、そこで他の方の経験をうかがうことができれば、自分が経験したかのよ

うな学びをプラスさせてもらえるのです。

これが自分にとって、どれほど大きいか、それこそが血となり肉となることだということが、30年かかって、なんとなくわかるようになりました。

第一線で活躍する人の共通点

第一線で活躍している人と接して、気づいたことがあります。

それは何かと言うと、どんなジャンルの人であっても、夢を語るのです。

たとえば、仕事が終わってから、一緒にごはんを食べに行ったりしたとき。

たいていは馬鹿話で盛り上がるのですが、その終わりには、いつも、

「俺さあ、こんどは、こういうことやりたいんだよね」

「私、こういうことをやりたいんだよね」

という話に必ずなります。

「夢を語る」というのは簡単なようですが、「夢」にもいろいろあります。

それこそ、「もしも10億円あったら」というのも夢かもしれませんが、その類いの夢は、なんとなく現実から逃げるための夢という気がしてしまうのです。

第一線で活躍している人が語る夢は、それとは違います。

「もしもこうなったら」ではなく、今やっていること、営んでいることの中でのやりたいこと——夢を語るのです。

それを毎回、話すというのは、毎日、それを持って営んでいるということです。

だからこそ、第一線にいらっしゃるわけです。

というのは、先にやりたいことがあると、それを逆算して、いまはどういう一歩を踏み出せばいいか、ということが具体的なんです。

具体的な一歩をそこに向かって踏み出しているから、迷いがなく、見ている人たちに対して説得力がある。それが「素晴らしい」「面白い」というふうに反応していただけるわけです。

スランプのときには、いま、自分がどうしていいか、何をしていいのかがわかりませんでした。それで何をしても、説得力はないでしょう。

迷いながらしているのでは、100パーセントの力を注ぐことなどできません。

まずは100パーセント、目の前のことと向き合っていくこと、それに力を注いでいくこと。それが大事なんだということを、杉村先生から教えていただいたんだな、というのを、いま、実感しております。

2

（第２章）

自分の役割

大人として何ができるか

次世代に感性を届ける

結婚して子どもが生まれて、自分の生活の中に「子ども」と接する機会が多くなりました。子どもがいるんだから、それは当たり前といえば当たり前ですが、ゲーム番組の司会をやらせていただいたことで、たくさんの子どもたちと出会いました。

テレビ東京系列で「スーパーマリオクラブ」という番組がスタートしたのは、1990年10月のことです。毎週木曜日、夕方の6時から6時半まで放送されました。

「スーパーマリオクラブ」は、その後、「スーパーマリオスタジアム」「64マリオスタジアム」「マリオスクール」と、番組名、放送時間は変わりましたが、2001年3月までの10年余りを司会という立場で関わらせていただきました。

学級崩壊ならぬスタジオ崩壊

「スーパーマリオスタジアム」では、当時開始して間もなかったJリーグのブームにあやかって、サッカーの要素を加えて、事前に地区予選を行い、その代表者がスタジオに集まって戦って1位を決める、というものでした。

スタジオには、その地区ごと、ブロックごとに、応援の皆さん、家族の皆さんが座って、ゲームをする子どもたちを盛り上げます。

ところが、これが最初は、なかなかうまくいきませんでした。

どういうことかと言いますと、番組というのは、何人ものスタッフ、出演者が参加して、どうやろうか、どうやったら子どもたちが喜ぶかということを、それこそ、あらゆる角度から研究して、現場、収録に臨むわけです。

ところが、実際に始まると、子どもたちはゲームをやりたくて、そこに来ています。言ってしまえば、ゲームにしか興味がないのです。

こちらは番組を盛り上げようと、いろいろ仕掛けをしていくのですが、その仕掛けに、子どもたちはまったく反応してくれません。

反応しないという以前に、まず話を聞いてくれません。

オープニングで、

「どうも！　いま始まりました、スーパーマリオスタジアム！

司会をつとめております渡辺徹です。さあ今日は、どうのこうので〜」

と話しても、子どもたちはガヤガヤしていて、まとまりがつかない。

最初の放送が終わって、すぐ反省会を開きました。

「もっと子どもの興味を引くように、話の内容とか変えたほうがいいな」

「コーナーの順番を変えてみようか」

そして、第2回、第3回、第4回と回を重ねても、一向にガヤガヤしている。学級崩壊ならぬスタジオ崩壊の状態でした。

こちらが思うようには乗ってくれないわけです。

番組ではゲストも呼んでいます。

お笑いの人が多かったのですが、まだ若い頃の爆笑問題とか、くりぃむしちゅーとかが来てくれたりしました。

子ども番組だからと、子ども用のネタを用意してくるのですが、子どもたちは聞いてやしない。聞いていないので、もちろん笑うこともありません。

ゲストはみんな、落ち込んで帰って行きました。

テレビは1クール約3か月と決まっています。

うまくいかないところを、いろいろやってみるのですが、少しも改善されません。

「もう1クールやってみようよ」と、あれやこれやと大人たちは考えて、やってみるのですが、結局、まとまらないのです。

●自分たちが面白いことをしよう

とうとう、もう手がなくなりまして、「もう、子どもたちは無視しよう」となりました。やけっぱちです。子どもたちにウケることなんか考えずに、自分たちが面白いことをしよう、となったのです。

ゲストのお笑いの人たちにも、

「ふだんのネタでいいです。子ども用のネタなんかやらなくていいです」

ということになりました。

「もう番組が終わってもしかたない」と腹をくって、というより半ば投げやりでやったわけです。

そうすると急に、子どもたちが興味を持つようになったのです。

「うふふ」とか「わはは」と笑うようになった子どもたちを見て、大人たちはびっくりしました。これまで子どものためにと用意してきた企画やアイデアには、まったく乗らなかったのに、自分たち大人自身が面白いと思うことをやったら、たちまち興味を示してくれたのです。

そのことで、ふと父親のことを思い出しました。私事で恐縮ですが、うちの親父というのは、子育てをするにあたって、けっして子ども言葉を使わない人でした。

たとえば4～5歳くらいの僕を叱るとき、母は、

「徹ちゃん。そんなことしたら駄目でしょ」「こうだから駄目でしょ」

と、子どもがわかるように怒るのですが、親父は違うんです。

まだ幼稚園に入るか入らないぐらいの僕に向かって、

「おまえ、それじゃ男としての義理が立たないだろう。人情がそれを許さない」

ということを言うのです。

僕は、その言葉の意味がわからないのですが、「親父が怒っている。まずいこ

とをしたんだ」ということを感じたのは覚えています。

つまり、うちの親父は、自分が怒っていることを怒るんです。

「こうあるべきだ」という理屈で怒るんじゃない。

自分の感性を、ちゃんと届けてくれる。

だから遊びに行くにしても、自分が面白いと思うことにつき合わせるんです。

子どもが喜びそうなことをやるのではなく、自分が楽しんでいることに巻き込むんです。だから僕は、親父と遊ぶのが本当に楽しかったんです。

そうして考えてみると、番組での子どもたちの反応からもわかるように、大人が計算して子ども向けにやったものというのは、どうやら子どもは見抜いているような気がしてなりません。

でも子どもの感性は豊かですから、大人がやっていることに気をつかって、つき合ってくれることはあっても、本当に面白いと思っているかどうかは、ちょっと疑問だなと、そのとき思いました。

子どもには背中を見せていこう

教育現場などで、よく「子どもの目線に合わせて」という言葉がありますが、そうするために、たいていの大人は、しゃがんで、子どもの目線まで下がります。

でも、うちの親父は、そうはしませんでした。

しゃがんで子どもの目線に下がるのではなく、子どもを抱き上げて、つまり僕を抱き上げて、自分の目線で喋るんです。だから説得力がありました。

子どもに何かを伝えるというとき、理屈なしで、とはいかないんでしょう。理想のかたちも、ちゃんと踏まえなければならないと思います。

けれども、それ以上に、いちばん大事なのは、背中を見せることなんだなというふうに感じました。

いくら理想を、親や先生といった大人たちが子どもに言って聞かせても、子どもたちには伝わらない。

それより、大人が何かに対して本当に楽しそうに、興味をもって取り組んでいたら、自ずと子どもは、「何をやってんだろう」と思って見るものなのだということを感じさせていただきました。

コミュニケーションとれてますか？

「教育」ということを、たくさんのエキスパートの皆さんがいる前で僕が語るようなことができるわけはないのですが、いろいろなきっかけをいただいて、和光学園の理事を、20年近く務めさせていただきました。

幼稚園が二つ、小学校が二つ、そして、中学校、高等学校、大学、大学院を運営する私立の学校法人ですが、理事会には、いろいろな問題が上がってきます。

そこでの経験から、あらためて実感として学んだことが多くありました。

教育のエキスパートの方にとっては言わずもがなだと思いますが、子どもを取り巻く環境といえば、三大コミュニケーションの場があります。

三大コミュニケーションの場とは、
(1) 学校
(2) 家庭
(3) 近隣
というものです。

そして大人たちがよく子どもたちに言うことに、

「学校で、友達をつくりなさい」

「家庭では、お父さんお母さんと話をしなさい」

「ご近所の方とは、仲良くしなさい」

というのがあります。

でも、ここで僕が問いたいのは、そう言っている大人、あなた自身が、そこでちゃんとコミュニケーションをとっていますか、ということなんです。

前でお話しした理論からいきますと、学校で、先生たちが正直に、コミュニケーションをとれていなければ、子どもたちに何を言っても、子どもたちがそうはならないでしょう。

家庭で話をしなさいと言っても、お父さんとお母さんが、夫婦としてのコミュニケーションがとれてなかったら? 近隣の方と仲良くしなさいと言いながら、大人たちがご近所の方と本当に親しくしているのだろうか?

理屈で「仲良くしなさい」と言っても、大人たちがそれができていなかったら、子どもはやらない。

コミュニケーションをとるというのは、仲良くするだけではありません。

ときには激論を交わすこともあるかもしれません。でも、それくらい真剣に向き合っていたら、子どもたちも、そういうふうになっていくのだと思います。

それを知ることが、まずは大事なことなんじゃないかと思うようになりました。

三大コミュニケーションということでお話ししましたが、どのコミュニケーションの場においても、必要なことは、やはり会話だと思っています。

僕が所属している文学座という劇団は、会話を大事にする劇団です。

1937年（昭和12年）に、劇作家の岸田國士、小説家の久保田万太郎、岩田豊雄が、杉村春子先生などの新劇人に呼び掛けて結成されました。

それで「文学座」という名前がついているわけです。

1950年代には、三島由紀夫も劇作家として所属していました。

それはともかく、とにかく言葉ありきの劇団ということで、それは、いまも徹底されています。

「会話」ということで、頭に残っている杉村先生の言葉があります。

「私、最近になって、やっと相手の台詞を聞くことができるようになったわ」

杉村先生は、1997年（平成9年）に91歳で亡くなりましたが、その晩年に、ふと、そんなことを言われたのです。

その人生で、70年、芝居だけを続けてきた方の言葉です。

「それまでは自分の台詞を言うのが精いっぱいで、聞いているふりだけで聞いていなかったわ。会話は難しいわね、私生活と一緒ね」

とおっしゃっていました。

●「会話っていうのは聞くことなんだ」

じつは今日、この収録をしているのは親父の86歳の誕生日なんです。

それでつい親父のことが思い出されるのですが、僕の結婚式の前の晩、

「これからは家で、よく会話しろよ」

と父から言われました。

たぶん僕は、「そんなこと、わかっているよ」くらいのことを言ったんじゃないかと思います。

すると、

「会話とはどういうことか、わかってるか」

「ちゃんと、何でも包み隠さず話せばいいんじゃないの」

「いや、そういうことじゃないんだよ。会話っていうのは聞くことなんだ」

と言ってくれたのです。

つまり親父曰く、話をする、話をしたいというときは、

「相手の頭の中をコップにたとえると、コップに水がなみなみと入っていて、それを飲んでほしい、ということなんだ」

というのです。

相手のコップが水でいっぱいになっているときに、こちらが言いたいことを言って水を注いでも、あふれるばかりで何も通じない。

まずは相手の水をちょっと飲む。つまり、話を聞く。

「理不尽なこと言ってるな」「わがままなこと言ってるな」と思っても、

「ああ、そう」「そうなんだ」「そうなのかい」

というふうに聞いて、コップの半分ぐらいまで飲んでから、

「でも、じつはね」と言って水を注ぐ。

この水が、相手の頭に染み込むことができる。

会話というと、「会話をしているふり」になってしまうことが多いです。

いっぱい喋れると、それだけで会話ができたように思いますが、そうではなくて、どれだけ聞くことができたか、ということが大事だということなんです。

でも、難しいですよね。うちの夫婦でも、いまだに、それができているかどうかといえば、できていないと思います。

おたがいに仕事をしていますから、家に帰ってから、その日にあったことを話すのですが、つい昨日も、

「今日は、こういうことがあってね」

「そうそう、私も、こういうことがあってさ」

なんて思い返してみると、おたがいに、相手の話は聞いていない。

カミさんは、「私は聞いています」というかもしれませんが、それぞれに言いたいことを言って、それが平行線でも、すっきりしたらそれで終わるというのが常になっているように思います。

それはそれでいいのかもしれませんが、少しでも相手の水を飲むことができたらいいのにと思います。ま、「わかっちゃいるけど、なかなかできない」というのが現実なのですが……。

子どもとのコミュニケーションにしても、職場でのコミュニケーションにしても、おたがいに、聞くところから始められている。そして、そういう会話をしている姿を、子どもたちに見せられるかどうか、ということが、生意気を言わせていただきますけれども、とても大事なことなんじゃないかなと思っております。

心を丸出しにして向き合う

子どもとのコミュニケーションは、くどいようですが、勇気をもって、

「自分が興味を持っていることは何なのか」

「自分が許せないことは何なのか」

ということを、裸になって子どもたちに提示できるかどうかです。

それは、一番つらいことでしょう。

芝居も、そうなんです。

心を丸出しにして、お客さんの前で、何か台詞を言う。

これが一番、難しいんです。

でも、そこに没頭できたときに初めて、お客さんが拍手をしてくださる。つまり、見入ってくださるのです。

「テレビのせいにしすぎていないか」

さて、こういう機会をいただきましたので、テレビで仕事をさせていただいている立場から、お話ししてみたいと思います。

これは諸先輩方ともよく話したことですが、テレビというのは（ラジオもそうですが）、視聴者の皆さんからのさまざまなクレームをいただいて歩んできた、と思うのです。

番組には、「あんなシーンはよくない」とか「あんな表現はよくない」というクレームが届きます。

そうした声に、制作サイドは耳を傾けて、コーナーをなくしたり、もしくは番組がそれで終わりになったり、ということをします。それを何十年も繰り返してきて、いまのテレビ、ラジオがあるわけです。

ただし、それで世の中はよくなったのか？

誤解を恐れずに言えば、

「テレビのせいにしすぎていないか」

ということを考えてしまうのです。

テレビだけでなく、雑誌でも同じようなことが起こりがちです。

「こんな雑誌はよくない」というようなことです。

自分にも子どもがいますから、当然、子育てをしてきたわけですが、その実感として話をさせていただくと、「子どもによくないもの」は、子どもに見せない、聞かせない、というのは、本当に、それでいいのでしょうか。

「そんなものはなかったことにする」

それで、そういうものをつくっている人たちにクレームをつけて、やらせないようにする。それが悪いというわけではありません。

たしかに暴力的なシーンなどは、制限しなければならないということはあると思います。そうしたものを子どもたちの目に触れさせないようにする、というのも大事なことだと思います。

もちろん、発信側も、それは気をつけなければいけないことですが、僕は、学校というものは、社会に出るための準備期間であってほしいと思うわけです。でも、そこを、いわゆる無菌状態にして、「はい、社会に出なさい」と出していいものでしょうか？

小学校、中学校、高校も無菌室で、学校は、そこでの責任を果たすだけで、社会に出たら、いろいろな不都合なことが渦巻いている。それに対処する方法を覚えておかなくていいのかな、と考えるわけです。

僕たちが小学生のときには、えこひいきする先生とか、わがままな先生がいっぱいいたような気がします。

そして僕たち生徒は、そんな先生と、どうつき合うか、どう対峙していくか、というのが、創意工夫の一つだったように思うのです。

「あの先生、あいつばっかりひいきしている」

と言いながら、その先生に文句をつけることはなく、むしろ、その対処法を教えてもらった、というほうが近いでしょうか。

もちろん時代が違うし、いまはコンプライアンスという大きな言葉がありますから、単に、昔がよかったということではないのですが、自分の体験を思い出していくと、学校でいろいろなことがあったからこそ、いろいろな対処法を身につけられたということもあるように思うのです。

人間性が問われる瞬間

話を戻しますが、子どもたちが生活をしていると、テレビでも、社会の中でも、暴力的なシーンなど、よからぬものを見てしまうことはあります。

そのとき、「それは見ちゃダメ！」と言うことより、

「あれはよくないね。どうしてよくないかというと、お父さんはこうこうこうだから、よくないと思うんだよ」

という会話をしていますか、という話なんです。

不都合なものに蓋をして、子どもにそれを言って聞かせない、ということは、子どものことを考えているようでいて、じつは、教育を放棄していることにならないでしょうか。

「ああいうことはよくないね」と会話をするのが教育じゃないのか、という気がしています。

これ誤解しないでくださいね。

だからといって、そのよくないものや、それを提供している媒体などを見逃せと言っているわけではありません。

それは、ちゃんとしていかないといけないのですが、そこを見ていくと、どこかイタチごっこのようになっている感じもあります。

それについて問題にするより、「そういうものこそ教育の材料になる」という視点で見ることはできないか？

それこそ、学校で言えば、子どもたちと向き合っている先生方の人間性、その先生方をリードする校長先生方の人間性というものが、問われる瞬間だと思います。

臭いものには蓋をする、というだけの行為になってしまっていいのか。

「ああいうのはよくない」というのを、自分の思いとして、子どもたちに語って聞かせられるのかどうか、ということです。

それをすることで、子どもたちに、社会に出るための準備、心構えをつくってあげるのだという心意気が通じるのではないか、と思っている次第であります。

肯定も否定もしない

いままでに、いろいろな芝居や舞台、テレビドラマをやらせていただいてきましたが、なかでもとくに思い出深い作品が一本あります。

いまから20年くらい前、2002年にNHKで放送された「迷路の歩き方」というドラマです。脚本は、名作「岸辺のアルバム」とか「ふぞろいの林檎たち」を書かれた山田太一さんでした。

中井貴一さん演じる主人公は実直な運転士で、息子が学校に行かず、引きこもっているのが悩みの種です。

「それなら、俺のところで預かってやるよ」という友人の工務店で、その息子は働くようになりますが、そこでの不正を許せず、すぐに仕事を辞めてしまいます。

僕は、主人公の友人、その工務店のオヤジの役でした。

息子から話を聞いた主人公には、それまで誠実を貫いてきた信念がある。

息子以上に、友人の不正を受け入れられないのです。

そして二人で語り合うシーンがあります。

それが今でも心に残っているのですが、僕は下請けの工務店の主として、生活のためには、不正をせざるを得なかった、生き抜くためには必要なことなんだ、と言うのです。それを肯定も否定もしないドラマでした。

白と黒の2色しか許さない世の中

これをつくるにあたって、山田太一先生とお話をしたのですが、

「僕はね、いまの世の中が、白と黒の2色しか許さない世の中になっているのを、

嘆かわしく思っているんです。

いままで白だと思っていた人が、ちょっとでも陰りを見せると、みんなで、『おまえは黒だったんじゃないか』と、バッシングになるでしょう。

つまり世の中全体から見ると、白と黒、この2色しか許さない世の中になっていることがとても心配なんです」

と、先生は言われました。

つまりは、「断罪の社会」とでも言うのでしょうか。

ところが山田太一先生曰く、

「人間一人ひとりの中には、いろんな色があるんです。

白もあれば、黒もあれば、青もあれば、黄色もあれば、ピンクもあれば、いろんな色を持っているのが人間なんです。ゆえに人間は愛おしいんです。

僕はそこのところを訴えたくて、このドラマを書いているんです」

というのです。

この言葉が、自分の中にひどく残りまして、それからは、生意気でも、役をやらせていただくときには、白でもない、黒でもない、グレーの役、たとえば詐欺師だったり、ワケのわからないヤツだったりというのを好んで、優先順位の上に置くようにしてきました。

それが正解なんでしょうか

いまは、コンプライアンスが守られる時代です。

コンプライアンスとは、法令遵守。とくに、企業が社会規範に反することなく、公平・公正に業務を遂行すること、ということですが、ただコンプライアンスを守るためだけのコンプライアンスになってきているような気がします。

教育の現場だけでなく、マスコミ業界、その他、いろんな業界が、そうなってしまっているように感じます。

ＴＰＯがはっきりせず、何のためのコンプライアンスなのかがわからなくなってきているのです。

時（Ｔｉｍｅ）と場所（Ｐｌａｃｅ）と場合（Ｏｃｃａｓｉｏｎ）、適切なものを選ぶには、ＴＰＯに合わせた判断基準があっていいはずです。

それがなくなったとき、何が起こるかといえば、「ことなかれ主義」です。

何かをやるより、何もやらないほうが一番安全、ということになっていくような気がします。

教育現場でも、一番安全なのは、何もしないことです。

モンスターペアレンツなどと言われる親御さんのクレーマーがいたり、ということを思うと、その目の前では何もしないことがいいはずです。

そうでなくても、何か事を起こすと、すぐに賛否両論、渦巻くことになりますから。

でも、それが正解なんでしょうか？

ことなかれ主義の空気は、子どもたちが一番感じているんじゃないでしょうか？

もともと、子どもたちは、いろいろ色を持っているのに、

「白か黒かで生きていこう」

という歩み方を植えつけてしまってはいないでしょうか？

僕たちが小さい頃には、「そんなことすると笑われるよ」とか「そんなことをすると怒られるよ」と、親からも言われてきたような気がします。

そうやって言われてきたから、「笑われないようにしよう」「怒られないようにしよう」と、それればかり気にしてしまったところがありました。

その生き方って何だろう？　と思ったら、

「どう見られたか」

「よく思われたかな」

「嫌われたかな」

と、人の目ばかりを気にしているのです。

そうすると、自分には、いろいろな色があって、その中の何色が輝いていその
か、ということがわからなくなってしまいます。

そんなふうにしないこと。

子どもたちの、それぞれの色を大事に、皆さんそれぞれの色を大事にして、
「現場」に臨んでいただけたら、教育の現場というのは素敵になる。

本当に、生意気を言って申し訳ないです。

でも、我々も芝居の世界が、お客さんに説得力を持つというのは、そういう境
目でやっています。

こういう場をいただいて、大きなお世話だと思いますけれども、これを皆さん
に申し上げたかったわけでございます。

3

（第３章）

創造する人生

芝居、演劇が教えてくれたこと

自分を表現する

芝居をやっていこうと思ったときに、文学座をめざしたわけですが、そこに入るには、前でお話しした通り、「文学座附属演劇研究所」に入所しなければならなかったわけです。

その試験は何だったかというと、まずは筆記試験、そのあとは会場が変わって実技試験もありました。

実技試験は、台詞の朗読と動きの表現です。

動きの表現とは、いまは試験官の立場になりましたので、あまり試験の内容を明かすわけにはいかないのですが、自分のときのことをお話しするなら、

「部屋に入っていく。そこで身支度をして、これから出かけます。その出かけようとした瞬間に、テーブルの上の手紙を見つける。その手紙を読んで、嬉しい内容だったのか、悲しい内容だったのかは、それぞれの判断でいい」という動きを表現してください、ということでした。

ただただ必死になってやってみた

一度に10人くらいが一緒に部屋に呼ばれ、順番に表現していきます。受験生には、芝居の経験者も多く、その表現力がすごいんです。俳優の養成所にいましたとか、早稲田で演劇をやっていました、というような人ばかりが来ていて、それこそ、その場で、わーっと涙を流したり、髪の毛をかきむしってみたり、していました。

僕はそんなことは到底できなかったので、泣いたり笑ったりというのは力を入れないことにしました。かわりに、何に力を入れたかといえば、身支度です。

身支度をしていて、鏡を見ると、鼻毛が出ていることに気づくのです。

その鼻毛がなかなか抜けない、というのをやって、手紙はフッと見ただけで出ていく、ということにしました。

どうせ受からないと思っていましたから、思い出をつくるくらいの気持ちでした。

それがよかったのか、2次試験合格となったわけです。

そこで晴れて、文学座附属演劇研究所に入所できたわけです。

文学座附属演劇研究所では、これも前でお話しした通り、声楽、バレエ、ジャズダンス、立ちまわりなどの授業があります。またシェイクスピアやフランスの演劇など、さまざまな国、さまざまな時代の演劇についても学びました。

それぞれに専門の先生が来て、教えてくださるわけです。

ところで僕は茨城出身ですが、シェイクスピアの台詞を言ったときに、「訛っている」と言われて、びっくりしたことがありました。

自分では普通に、標準語を話していたつもりなのですが、イントネーションが違っていることに、まったく気づいていませんでした。

そこからのスタートですから、本当に大変でした。

でも、それで1年間、同期は60名でやってきたわけですが、翌年は、10名に絞られます。そして、この10名で2年間、また勉強していきます。

そこでまた、半分くらいに絞られて、さらに2年間。そこで残るのは、その期によって違いますが、少ないと1名だけということもあります。それで晴れて座員になれるわけです。

当時のことを振り返って思うのは、本当にいろいろなことを学んだのですが、それより何より、ともかく必死でした。必死に、授業についていきました。

僕は、演劇というのは、もっと簡単なものだと思っていたのですが、こんなに面倒なものだったのかということを経験したわけです。

たとえば踊りとか歌とかは別にいいのですが、芝居をするにあたって、同じ仲間とか演出家からダメ出しされるのです。

有名なところでは、蜷川幸雄さんが稽古中に灰皿を投げる、というようなことを聞いたことがありますが、それと似たようなことは、いくらでもありました。

「それでもうまくいかない」

たとえば、江戸弁の稽古というのがあったときのことです。

この稽古をつけてくれるのが、当時の文学座の社長の梅田濠二郎という人でした。

文学座は、前でもお話ししましたが、もともとは日本を代表する文学者である岸田國士、久保田万太郎、岩田豊雄が創立した劇団ですが、その中の久保田万太郎は、江戸文学に精通した人で、作品も江戸弁で書かれています。

梅田濠二郎は、久保田の愛弟子で、この人自身が江戸っ子でした。

その梅田の授業というのは、凄まじいものがありました。

最初は「本読み」と言って、みんなで台本を読むところから始まります。

それは江戸弁の、難しい芝居で、最初の台詞は僕からでした。

なおかつ、話が途中から始まるような作品なのです。

どういう作品かというと、袋職人が仕立てをしているのですが、幕が開いて、5分くらいは、何も台詞がありません。

お客さんは、どうなっているのかわからないというところを見計らって、ようやく最初の台詞が出るのです。

その第一声が、僕の役でした。

初日の稽古で、梅田先生が来られて、「ではお願いします」というので、台詞を言うのですが、何度言っても、「違います」「そうじゃありません」「もう一度」の繰り返しです。

朝の10時から始まって、昼になって、午後から再開。でも、結局その日は夕方の6時を過ぎても、ＯＫはもらえませんでした。

その日の稽古は、たった一言の台詞だけで終わってしまったのです。

当時は、嫌がらせとしか思えないような授業でした。

そうやって篩《ふるい》にかけられているのかもしれませんが、一日じゅう、たった一言の台詞だけを言っていると、頭が熱をもって、おかしくなっていきます。

そうかと思うと、たとえば台詞を言ったときに、ちょっと笑っただけで、なぜ、そこで笑ったのかを追及されることもありました。

そんな経験を積まされてきたわけです。

一流の人たちから学ぶ

文学座での厳しい経験があったからこそ、いまの自分があったと思っていますが、僕はそれだけでなく、いろいろなジャンルの人たちと話をする機会を多く得られたことも大きかったと思っています。

前で、スランプのときに杉村春子先生に、

「何でもおやりなさい。すべて役者として、血となり肉となりますわよ」

と言っていただいたとお話ししましたが、その通りだったと実感しています。

芝居だけでなく、歌や司会、バラエティ番組に出させていただくなど、いろいろなジャンルを経験しましたが、自分なりに一生懸命にやってきたことがよかったのか、そのジャンルの一流の人たちが一緒に話をしてくれることが多かったのです。

●腹を割って話ができる関係

いろんなジャンルで一生懸命にやっていると、そのジャンルで、もっと一生懸命やっている人、つまりトップを走っている人と出会い、その方からお話を聞かせていただけるようになったのです。

この話がものすごくためになりました。まさに、血となり、肉となっていったわけです。

演劇の世界では、人間国宝の坂東玉三郎さんとの二人芝居「夕鶴」をやらせていただきました。それこそ、いろいろなお話をさせていただいて、どれほど勉強になったかわかりません。

歌の世界だと、吉田拓郎さん、長渕剛さん。時には悩みを聞かせてもらうこともありました。

長渕さんとは、二人でカラオケに行って、僕は彼の「順子」を歌い、彼は僕の「約束」を歌って、一緒に肩を組んで盛り上がったこともあります。

お笑いの人たちで言えば、志村けんさん、明石家さんまさんとは、懇意にして、相談もしてくれる、腹を割って話をしてくれます。

ダウンタウンの浜田雅功さんと松本人志さんとは、一日に何度もメールをやりとりするほどで、いろいろなことを話してくれます。

この話が、学びの栄養になるんです。

人は自分の人生しか経験できません。

でも、人の経験した話を聞くことで、その人の人生の分を分けてもらうような、経験をさせてもらえたような気持ちになります。

気持ちの上では、それだけで、プラス10年、プラス20年と、寿命が延びるようにも思えます。

それくらいまで真剣に腹を割って話せる仲間、自分の悩みを打ち明けられる仲間が増えれば、短い時間でも、簡単に経験を増やすことができるわけです。

そうすれば、それを土台に考えられるようになります。

真剣に自分と対峙することができます。

夢を語らずにはいられない生き方

ところで、第一線でやっている人というのは、ジャンルを問わず、「夢を語る」という共通点があると、前でもお話ししましたが、それは本当にそうなんです。

いつも、次の夢があるのです。

そんな夢の話を聞いたら、もう、いいじゃないかと言いたくなるかもしれません。

すでにトップでやっているのだから、もう夢なんて見ずに、いまのまま、休んでいたらいいじゃないか。そう考える人は多いのではないでしょうか。

でも、彼らはいつも、先のことを語りたがるのです。

当たり前のことですが、夢があるから、目標があるから、そこから逆算して、今することがわかるわけです。

そして、それほど具体的な夢を描けるから、それをかなえることができるのだと思います。そこには説得力があります。

皆さんの中には、

「夢ばっかり語って馬鹿じゃないの」

などということを人から言われたことがある、という人がいるかもしれません。

それは、夢の語り方が足りないのです。

どんなに馬鹿にされても、自分の夢は語っていくことです。

誰だって生きていかなければなりません。

生活のためにしなければならないこともあるでしょう。

でも、それを超えて、そうしないではいられない。

もしくは、夢を語らずにはいられない人のふりをする。

それをしていくうちに、現実に夢を語れる人になれる。その歩み方がわかるようになっていくのではないでしょうか。

夢をもってこその人生

皆さんの中には、いろいろなジャンルの方がいるでしょう。

それぞれ仕事を持って、僕には計り知れないようなご苦労を抱えておられる方もいらっしゃるかもしれません。

でも、仕事を持っている方も、主婦の方も、子どもも大人も、どんな方でも、先々の夢をかなえることはできます。

「こんなことを言ったら笑われるんじゃないか」

「こんな年で、そんなことをしたら笑われるんじゃないか」

と思うこともあるかもしれませんが、笑われても、宇宙の時間から見たら、人の一生なんて一瞬です。何万年も恥をかくわけではないんです。

恥をかくことなんか恐れず、どう思われるかなんていうことにしばられずに、事を起こす。それが自分へのチャレンジだと思います。

それが夢の実現の一歩です。

エネルギーが人を引き寄せる

じつは今度、東京都私学財団というところの集まりがあるんです。ここは文字通り、「都内の私立学校の教育の充実及び振興のため、さまざまな支援事業を行う」ところですが、そこで基調講演をしてほしいというご依頼をいただいたのです。

僕は、前でもお話ししましたが、和光学園というところの理事を、もう10年以上させていただいています（当時）。

教育のエキスパートではありませんが、だからこそ、門外漢としての目をもって、そうしたことにも携わらせていただいています。

そこで気づくことですが、教育の現場というのを見ていますと、「そういうことをすると笑われる」というようなことを言いがち、教えがちです。家庭でも、そういうことは多いのではないでしょうか。

これも繰り返しお話ししてきたことですが、

「そんなことしたら恥ずかしいでしょ」

「そんなことしたら怒られるよ」

という教育をされてきているために、笑われないようにしよう、怒られないようにしよう、ということが基準になってしまうのです。

大人になっても、それが残っているらしく、人の評価を気にしがちです。

「笑われた」という評価が嫌なわけです。

「怒られた」という評価が嫌なわけです。

人の評価を気にするというのは、人との距離を、たえず取ってしまう、ということでもあります。

人からどう見られるかということばかり考えてしまうわけです。

では、己はどうなのか。

「自分自身は、どう思っているのか」

「何を思っているのか」

「自分の興味は、どこにあるのか」

そのことがわからなくなってしまっているようです。

これは子どもだけじゃない。我々大人も、そうなっているということです。

いま、皆さんはいろいろなお仕事をなさっていると思いますが、その仕事を始めた動機、きっかけは何だったでしょうか。

子どもの頃から、そうなりたいと思って始めた仕事もあれば、そうでないということもあるでしょう。

もともとやりたいことではなかった、という人も少なくないでしょう。自分の好きなこと、やりたいことが、実際の仕事と一致している、ということはなかなかない、と言ってもいいほどです。

しかし、それを始めた頃、大志を抱いたこともあったでしょう。ところが、いろいろなことがわかればわかるほど、世の中のしくみを知れば知るほど、夢を語ることを削いでいってしまう。そんなことの手練手管が身についてしまう、ということがあるように思います。

そんな手練手管を身につけることが、人生の匠になるような、そんな勘違いをしないでほしい。

システムがわかったことが、エキスパートになることじゃない。

そのことにエネルギーを出していける。

「この人についていきたい」

「この会社に行きたい」

「このお店に行きたい」

そう思わせるエネルギーがあるかどうかです。

何度も繰り返しになりますが、誠心誠意、自分がやっていることに取り組む姿が人を呼べる、ということを、芝居をしていることを通して、本当に思っています。

舞台はいつも、一期一会

我々、芝居の仕事は不確かなものです。

お客様に木戸銭をいただいて、ごはんを食べているわけです。

ちょっと手を抜けば、すぐに評価は落ちてしまう。落ちるのが早い業界です。

「あいつはダメだ」

「ダメな役者だ」

「もう見たくない」

いったん、そう思われたら二度と上がらせてもらえない。

舞台は一期一会。

いつも舞台の前には、

「今日が最後の芝居と思ってやろう」

「今日が最後と思って、お客様と接しよう」

そういうふうに思って、やらせていただいてます。

なぜなら我々は、エネルギーを売るのが商売だからです。

そのエネルギーとは、ただ闇雲に力んで見せることではなく、くどいようですが、自分が夢に向かって進むことによって生まれるものです。

嫌なものを見たいと思って、そこに行く人はいないでしょう。

いいものを見たいと思って、いいものが欲しいと思って、そこに行くわけです。

たとえばパンを買いに行くのでも、パンの味だけじゃない。それをつくっている人、売っている人の顔を見たいと思って、その店に行くのではないでしょうか。

その受けとり側の気持ちが、そのパンをよりおいしくさせるのだと思います。

どうしたら、そんなふうに思ってもらえるのか。

そこが勝負どころだと思います。

言い換えれば、そこでしか勝負できないと思います。

ただ机上の計算ではじいても、それは、たぶん消費者には見抜かれてしまう。

お客様というのは鋭いです。

「なんだ、この店はひどいなあ」

「やる気ないな」

「この並べ方は悪いな」

というように、お客様の立場になったらわかることも、自分がやる側にまわると、わからなくなってしまうのです。

「この程度にやっておけばいいだろう」

「そこまでやっても、お客にはわからないだろう」

と思ってしまう。それはバレます。

自分が芝居をするときも、一つの尺度として、自分が見る側にまわったときに納得できるかどうか、そのフィルターを持っておこうと、いつも思っています。

この店に、自分がお客となって来たときに、納得できるかどうか。

当たり前のことですが、当たり前のことというのは忘れがちです。

長くやっていればいるほど、「自分はよく知っている」「他のことをもっと知っている」と言いたくなります。

「私はプロだから、お客の顔を見ればわかる」なんてことを言っても、自分の女房のこともよくわからないのに（笑）、お客様のことがわかるわけがない。

ましてや、それを操ろうとするなど、できるはずがありません。

自分がお客様の立場になったときに、納得できることをやる。それが夢の実現への最短距離だと思っています。

エネルギーが上がる「足かせ理論」

その昔、NHKFMで「おしゃべりクラシック」という番組を、毎週金曜日の2時間、生放送でお送りしていました。8年くらい続いたでしょうか。

そのつながりで、オーケストラとのステージも、ずいぶんとやらせていただきました。

・ピーターと狼
・宮沢賢治朗読
・子ども向けコンサート
・ソリストたちとのステージ

・モーツァルト特集

などなど。

それから後、NHK－BS2「あなたの街で夢コンサート」という番組で司会をつとめ、オーケストラと各地方を訪れたりもしました。

――以上は、オフィシャルブログ「そこのけそこのけ　わたなべとおる」で2020年7月9日に配信されたものを、少し形を整えて転載したものです。

演劇とクラシックの共通点

演劇の仕事の一方で、クラシックの仕事も「おしゃべりクラシック」からのつながりで、テレビやその他で、いろいろやらせていただいています。

そのご縁で、クラシックのアーティストや関係者の人たちとのおつき合いも

あって、話をすることも多いのですが、あるとき、

「自分たちの仕事、芸っていうのは何なんだろうね」

という話題になったことがありました。

演劇というのは、シェイクスピアの時代からまずは台本があって、そこには台詞が書かれています。そして、その台詞通りに言わなければならないわけです。

言葉を換えてはいけないのです。

以前、新国立劇場で、シェイクスピアの「ヘンリー六世」に出演させていただきました。この作品は、シェイクスピアの実質的デビュー作となった20代の作品で、3部にわたる壮大な歴史劇で、上映時間は9時間。世界でも、一挙上演の機会は少なく、日本でも1981年以来、28年ぶりの上演となりました。

9時間の舞台、休憩も入れて11時間、一言一句、台詞以外のことを言ってはいけない時間を過ごしました。大変でした。

しかもシェイクスピアの台詞は、韻を踏むということで換えてしまったら、リ

ズムが狂ってしまいます。

そういう芸を、役者はしているわけです。

クラシックもまた、譜面通りにしか、してはいけない芸なんです。

こんな面倒なことをしているにもかかわらず、洋の東西を問わず、今も昔も、つまり古今東西、演劇も音楽も、ずっと廃れずにある芸術なんです。

廃れなかったのはどういうことかと言いますと、売り手がうまかったというよりも、注文がずっと続いてきた、ということだと思うのです。

供給のしかたがよかったのではなく、需要がずっとあったということです。

なぜ、こんな面倒なことに需要があるのか。

たとえば名門の「ショパン・コンクール」など、いろいろなコンクールがあります。

ショパン・コンクールは、出場者は皆、ショパンの譜面を弾くわけです。

その人の才能を見るのであれば、好きなものを弾かせればいいと思うのですが、同じショパンの曲で競うわけです。

なぜなのかと考えたときに、「ああ、そうか」と思い当たる節があったのです。

それは、条件があればあるほど、足かせがあればあるほど、人はもがきます。苦しみます。

僕は、これを「足かせ理論」と名づけているのですが、その苦しみとは何かと言えば、苦しむことでエネルギーが高まります。

体温が上がります。ハードルが高ければ高いほど、エネルギーが高まるのです。

そのエネルギーに、需要があるのです。

お客様は、エネルギーを浴びたくて、そこに来ているのです。

それは、目では、耳では、「いい音楽を聴きたい」「いい芝居を観たい」ということでしょう。でもそれなら、昔の名作ビデオやCDを観たり聴いたりすればいいはずが、なぜ昔につくられたものを、なぜ現代人が、芝居にしてもコンサートにしても観に来るのかといえば、そこにエネルギーがあるからです。

あがいているパフォーマーの熱が欲しいのです。そのエネルギーを観に来てくださっているのです。

これはヨーロッパでもアジアでも、現代でも大昔でも、ずっとそうだったのです。

いまの時代を、どう乗り越えるか

ということは、人間は、最終的には何を欲するのか。

それはエネルギーです。

文化・芸術では、そう答えが出ているのです。

答えが出ているのであれば、それは大いに利用すべきだと思います。

足かせがあればあるほど、人間はエネルギーが上がる。

では、いまはどういう時代か。

長い不況、震災など、これほどの足かせはないでしょう。

悪い状況から逃げるのではなく、真正面から受けて、あがく。

あがくのは文句を言うことじゃない。それを乗り越えようと、あがくのです。

この「もらった条件」――欲しくてもらった条件ではなかったとしても、この条件をクリアすべく、あがくエネルギーを見せるチャンスが今ではないでしょうか。

人はエネルギーに接したくて営んできたわけですから、大変だとは思いますが、それをパワーの源にしていくことが、ステップアップにつながります。

それが昨日より今日、今日より明日と、向上していくことになると思います。

観念的な話で、それを具体的にしていくことは、そう簡単ではありません。

現実に戻ったときに、結局は何もしない、できないまま終わってしまう。

でも、そこが勝負です。

わかっていても、それぞれ、いろいろあるでしょう。

「おまえに、俺の苦労がわかるのか」

「あなたに、私の苦労がわかるのか」

そう言いたい人もいるでしょう。
でも、それは、あなたの責任です。
あなたの説得力が足りないのです。
正直に、苦しんでいないのです。
斜に構えて、苦しみから逃げてしまうのです。
人間は、素晴らしい生きものです。
家族も友人たちも、あなたのことをちゃんと見抜きます。見抜いています。
見抜いていても、言わないだけです。
それぞれ、自分についても鋭く、わかっているはずです。
自分が欲するものを受けとっているか。
自分が来たい場所に来られているか。
そこをあらためて考えてみていただきたいと思っています。
そうは言っても、疲れて、つらいときもあります。スランプもあります。

そういうとき、つい家族や身近な人にぶつけてしまうことがあります。僕も、女房にそうしてしまうことがあります。

そういう存在がいることに感謝していますが、でも、切り替えて、感情をぶつけるのではなく、そういう相手にやさしい言葉をかけてみることで癒やされることもあります。

ぜひ、それも試してみてください。

4

（第４章）

すべては出会い

人生を変えていく力

大スター、石原裕次郎！

これまでを振り返ってみると、本当にたくさんの、いろいろな方たちとお会いさせていただきました。

なかでも石原裕次郎さんと最初にお会いしたときのことは、忘れられません。前の章でお話ししましたが、僕は、テレビでは、刑事ドラマ「太陽にほえろ！」がデビュー作になります。

これはどうして、そうなったかと言いますと、文学座で、２３００人の応募者の中から合格者60名に入り、それから1年、授業を受けた後、上の研修科に進める10名に残れる、ということが決まったところで、

「『太陽にほえろ！』の新人刑事をやらないか？」

というお話をいただきました。

誰も信じないほどの大チャンス

突然のことで、本当にびっくりしました。

「太陽にほえろ！」というのは、繰り返しになりますが、僕が小学生の頃から大ファンで、当時はビデオがまだない時代で、カセットに音声を録音して、その台詞を一生懸命に覚えるほどでした。

そんな番組に出られるわけですから、まさに青天の霹靂。

「これはスゴいことになった」と、実家の父親に電話したのですが、信用してくれない。友達に言っても、本気にしてくれない。

「嘘言ってんじゃねーよ」

「馬鹿言ってんじゃねーよ」

と茨城弁で、誰も取り合ってくれませんでした。

でも、「これはがんばらないと」と思いました。

19歳の終わりの頃です。

あるとき、「太陽にほえろ！」のプロデューサーが来て、撮影に入る前に、ボスにご挨拶に行こう、と言うのです。

ボス！

「太陽にほえろ！」の主人公、警視庁七曲警察署捜査第一係の係長、通称ボス。

それが、石原裕次郎さんです。

「明日、行くぞ」

と言われて、ただただ緊張しました。

それまで、俳優と言っても、同じ研究生くらいしか知らないし、プロの俳優さんとからんだこともないわけです。

それが、いきなり会うのが、石原裕次郎さん！

前の晩は眠れませんでした。

粗相があってはいけないと、挨拶の練習などをさせていただいて、翌日に臨みました。

当時、そのときボスは、「最初の入院」という言い方はおかしいですが、検査のために大学病院に入院されていたので、病院の喫茶ルームで、プロデューサーと待ち合わせをしました。

そして、病室に向かうわけです。

大スターですから、特別階の特別室だったと思いますが、プロデューサーがコンコンとドアをノックすると、なかから、「はい」と言うのが聞こえたわけです。

●心臓がバクバク、脚はガクガク

「あ、石原裕次郎さんの声だ」

と思っただけで、心臓がバクバク、脚はガクガクです。

そして、ドアを開けて入ると、広い部屋なんです。

が、ボスはお一人でありませんでした。

ベッドにお座りになっておられたのですが、そのまわりに、けっこう大勢の方が囲んでいらっしゃったのです。

おそらく石原プロモーションの方たちだったと思うのですが、僕の立ち位置からは、ボスはよく見えなかったんです。

でも、プロデューサーに促されて僕が前に進むと人が分かれて、道が開けるように、ボスが見えた！

まぶしかったです。本当に、まぶしかったんです。後光が差すとは、こういうことかと思うほど眩しくて、直視できないくらいでした。

するとプロデューサーが、

「こんど『太陽にほえろ！』の新人刑事に決まった文学座の渡辺徹君です」

と紹介してくれました。

それで僕も挨拶させていただこうと思ったら、

「あぁ」

と、ボスは一瞥しただけで、また他の人と話を始めてしまったんです。

でも何とか、挨拶だけはしないといけないと思いました。そのために、ずっと練習もしてきたのです。

それで何か言わなきゃ何か言わなきゃと思って、ようやく言えたのが、

「お、おねがいします」

の一言だけでした。顔はこわばり、声はうわずっていた、と思います。

ボスがかけてくれた言葉

そのあとは、ボスはあまり相手にしてくれない。このまま下がっていいのか、どうしたらいいのか、と思っていましたら、やおら石原裕次郎さんが、

「おい、悪いけれど、みんな病室から出ていってくれるか」

とおっしゃられたので、そうか、と思って出ていこうとすると、

「君はいいんだ」

というわけです。

気づいたら、他の皆さんは病室から出て、ボスと僕だけになっていたのです。

「ど、どうするんだ……」

もう緊張というより、恐怖でした。

「この人についていこう」

「何が起こるんだ……？」

そうしたら、ボスがベッドから起き上がると、ガウンの前を合わせて、僕の前に立たれたのです。

すぐ目の前に、ボスの顔があるのです。

「渡辺徹君かぁ。そうかぁ。よろしく頼むぞ。

いま、ちょっと休んで現場に迷惑をかけてるから、その分、よろしくな」

と、やさしい目で、語りかけてくださいました。

「だけど、いいか。

現場に戻ったら俺も俳優。おまえも俳優。

ライバル同士だ。

負けねぇぞぉ」

と笑って、ボスが両手で、僕の右手をギュウッと握ってくださったんです。

僕はワケがわからず、ただ涙だけが出てきたのを、覚えています。

あとからわかるのですが、ボスは無類の照れ屋さんで、他に人がいるところでは、そういうことはできない人でした。それに、人がいるわけじゃないから、パフォーマンスではないんです。

でも、考えてみてください。

日本を代表する、銀幕の大スターが、これからデビューする10代の男の子に、そんなふうに相対《あい》することができますか?

僕は世代的に、ボスの銀幕時代のことはわかっていなかったです。

でも、そういう先入観などなくても、

「この人についていこう」

という気持ちにさせられました。

それくらい、石原裕次郎という人は、大きな人物でした。

公衆の面前

そのボスのもとで、「太陽にほえろ!」の撮影に入るわけですが、それで苦労したというのは、前でお話しした通りです。

一つ加えてお話しするなら、大都会、新宿でロケをしたときのことです。

人気ドラマですから、野次馬が、200人とか300人とか集まってくるのです。

そういう人たちが見ている中で、

「皆さん、お静かに。本番いきます」

とスタッフが言うと、シーンと静まる。

「よーいスタート」
で、台詞を言う。
台詞を言い終わらないうちに、
「カット、下手くそ、もう一度」
と監督に叱られる。
もう一度やる。もう一度やる。
そのうち、監督だけでなく、共演の先輩たちからも叱られる。
先輩たちは、僕の教育係でもあったのです。
怒られてばかりで、ＯＫがもらえないわけです。
あまりにもうまくいかないので、野次馬の人たちまでシーンとして、なかには
「かわいそう」と言っている声も漏れ聞こえてくるのです。
それでもうまくいかないと、野次馬の人たちも散っていきます。
そのときに、「なんていう仕事なんだろう」と思いました。

人を集めて、その中で、どうして恥をかかないといけないのか。

「こんな仕事を、自分はやっていけるんだろうか」

と悩むわけです。

でも、あとから思うと、そういうことを教えてくれた現場でした。

我々の仕事は、生意気にも皆さんの前に出ていって、いろんなことを喋って恥をかいて、ご批判も受ける。そういう仕事なんです。

そういうことを新人時代に覚えろよ、ということを教えてくれた現場でした。

それが今の自分のベースにあることを、本当に感謝しています。

志村けんさんのリアリズム

志村けんさんとお会いしたのは、志村さんの番組に呼んでいただいたのが最初だったと思います。

志村さんと加藤茶さんとのコント収録で初めて、顔を合わせた感じでした。

僕の場合、いちばん最初に会った芸能人が石原裕次郎さんでしたから、初めてのときには興奮したり緊張したりするのは当たり前という感覚もあって、志村さんにお会いしたときも、ボスのときと同じような気持ちがありました。

厳密に言うと、志村さんには「大好きな人に会えた！」という思いのほうが強かった。ボスは上の世代のスターでしたが、志村さんは子どもの頃から見ている同時代の人気者。そんな大好きな人と同じ空気を吸えるという喜びです。

命をかけたコント

最初に共演した頃から、志村さんがとても気を遣って、やりやすい雰囲気をつくってくださった。とにかく自由にやらせてもらったのを覚えてます。

とはいえ、共演していくうちに「志村さんは、命をかけてコントをやっているんだ」というのがわかってくる。それで、こちら側も「いい加減にはできないぞ」という緊張感が自然と湧き上がっていきました。

コントの設定は、基本的には志村さんが準備していて、僕のアイデアも何度か取り入れてくださいました。

だいたいが飲みの席でしたが、「こういうの面白くないですか?」と話すと、あとに、本当にコントでやってくれたことがありました。

収録が終わると、志村さんは必ず飲みに誘ってくださるんです。

そこで芸についての話を聞かせてもらったり、志村さんのほうから劇団のお芝居についてよく聞かれたので、「こんな稽古をして、こんな感じでやっています」ということを話したりもしました。

コントはスタジオでやることが多いのですが、

「やっぱりオレ、客前の出だから。

お客さんが目の前にいて、スベッたウケたっていうのがやりたいんだよね」

ということをいつも言っておられました。

ある日の飲みの席で、僕が、

「だったら志村さん、客前でお芝居なさったらどうですか？」

と伝えたのです。

「藤山寛美さんの作品を、志村さんがやったら面白いだろうな」

「人情噺っていうのは、志村さんに合うと思うな」

すると、志村さんも「オレも好きなんだよね」とおっしゃっていました。

その流れで本当に、舞台の「志村魂」を始めることになったのです。

僕も、じつは初回にお誘いを受けたのですが、劇団の芝居が入っていて、共演の夢はかないませんでした。２００６年に「志村魂」がスタートする少し前の話です。

志村さんがスゴいなと思うのは、その観察力です。それに加えて、演技力がすごい。だから、文学座の太地喜和子さんにしろ、森光子さんにしろ、高倉健さんにしろ、いろいろな名優たちが、志村さんとやりたがったわけです。

僕自身も、すごいなと思ったところはたくさんあります。

志村さんは、ひとみ婆さんみたいなキャラクターにしろ、「だいじょうぶだぁ」のフレーズにしろ、全部モデルがいますから。

「だいじょうぶだぁ」は、福島県にあるお義姉さんの実家に遊びに行ったときに、お義父さんが繰り返していた言葉だそうです。デフォルメしているキャラクターの「元」をすごく大事にする人なんです。

いいかげんな中では何も残らない

以前、志村さんの会議にちょっと参加させてもらったことがあるのですが、とにかく考えている時間が長いんです。

「お尻を出して走りまわる」という着地点は見えていたとしても、「なにゆえに裸にならなきゃいけなかったのか」というのを見つけるまでに時間がかかるのです。

つまり、起承転結の「起」の部分がしっかりしていないと、志村さんは納得できない。そのつくり方は、芝居のそれと似ていました。

「だいじょうぶだぁ」の番組のときだったと思いますが、志村さんが、「コントのセットが気にくわない」と言って収録が中止になったこともありました。

それで番組の音響さんやら照明さんやらを含めた志村組が、余計に奮闘するわけです。スタッフさんのほうも、「志村けんに文句言わすか」という緊張感で仕事をしているんです。

あるとき、江戸時代に暮らしている田舎の農家という設定のコントがありました。スタッフさんから「じゃお願いします」と声がかかって入っていったら、かまどを見た志村さんがニヤッと笑って、小声で「やりやがったな」って言ったのです。ちゃんと見ると、かまどの四隅に塩が盛られている。美術さんが志村さんを驚かせたいという一心で、当時を再現したのでした。

そのあたりのこだわりについて、志村さんは、

「いいかげんな中でバカなことをやったら、何も残らない。本物の中でバカなことをやるから面白いんだ」

と話してくださいました。

要するに、骨組みが適当だと、バカが成立しないと考えておられたのです。

志村さん特有のリアリズムだと思いました。これは、お芝居にも通じる話です。

一つの芸を続けていくこと

長く一つのことをやっている人を、よく「あの人は職人気質だ」というように言われますが、本人は、そんなふうに思って生きていない。

志村さんを見ていると、とくにそれを感じました。

ただ興味のほうに向かって生きていただけ。

それが志村けんさんという人の生き方だったように思います。

持論とか芸術論とかということもありますが、新しい人とコントをやるとか、自分が人の土俵に上がっていくことなども含めて、つねに自分の刺激に対するアンテナが立っていた人だと思います。

「そういう人間が好きだ」

石原裕次郎さん同様、志村さんも、無類の照れ屋でした。

「Shimura X」をスタートするにあたって、

「トークコーナーをやりたいけど、一人じゃできないから、つき合ってくれ」

と誘われました。喜んでお受けしたのですが、

「恥ずかしいから、お酒を飲みながらじゃないとできない」

と言われて困りました。

おたがいに将棋にハマって、よく本番前に指しました。

将棋というのは、時間通りに終わらないものです。

「もう始まりますよ」

とスタッフさんが呼びに来るのですが、

「ちょっと待ってくれ！」

と言って、二人とも将棋盤をにらんでいる。番組のゲストを待たせて、何をやっているんだという話ですが、吉田拓郎さんがゲストのときには、拓郎さんも加わって、ついには、本番中に将棋を指したこともありました。

志村さんといえば、よく飲んだことばかりが思い出されますが、一度、注意したことがあるんです。

「いつも飲みに行くときにスタッフまで連れていくけど、年間いくらかかっているか、ちゃんと計算しましょうよ」

と。それで計算したら、

「わっ、すげぇかかってるなぁ」

と驚いていました。

「でもねぇ。仕事場で興奮しちゃったのを、どっかで落ち着かせないと、家に帰れないんだよ。帰って話す人いないいんだもん」

とこぼしてました。

ワァーッと汗をかいてコントをやって、家に帰ったら一人ぼっち。そのために犬がいたりもしたのでしょうが、そういう人恋しい思いは、しょっちゅう口にされていました。だから、仕事場に家族を求めたのではないでしょうか。

その意味で、志村さんの仕事場のファミリー感というのは、本気でした。

スタッフさんをすごく怒ることもありましたが、それと同じくらい、一緒になって笑う。表面上じゃない、本当の関係でした。

志村さんが僕を可愛がってくださったのは、僕が劇団に所属していることが大きかったように思います。

「芸能界でいろんなことをやっていて、俳優をやめてもいいはずなのに、徹ちゃんはこだわりがあって、それをやっている。そういう人間が好きだ」

という言葉をいただいたこともあります。

志村さん自身も、そういう考え方だったのではないでしょうか。

番組のゲストを考えるときも、単に面白い人ということではなく、俳優とか歌手とか、なにかをやっている人が多かったです。

タカアンドトシが志村さんに初めてお会いしたとき、

「僕らは『欧米か』ぐらいしかないんです」

と言ったら、

「バカ野郎、それをやり続けたら立派なもんだ」

と返されたと、よく言っています。

言い得て妙だと思うのですが、志村さんはコントを芸としてやっていたのでしょう。

だから、「芸としてやろうとしている人」が好きで、そういう人と一緒に、なにかやりたいと思ったのでしょう。

消滅しても「無」にならない

志村けんさんが亡くなってから特番が多く放送されました。

「ドリフ大爆笑」のコントなどもたくさん流れていましたが、いま見ても面白い。

基本的には、同じことをしているのですが、だからこそ、すごいんです。

古典落語にしろ、シェイクスピアにしろ、もうやり尽くされています。

にもかかわらず、いまだに100年以上前の演目が上演されている。

それはなぜかと考えると、お客さまは、そのストーリーを観に来ているわけではないということです。

コントもそうで、展開とオチだけを観に来ているわけじゃない。

そこで起きている出来事、人間の右往左往を、人は観たいのでしょう。

その右往左往は、いつでも現実に今、目の前で起きていることなんです。

あの志村けんが目の前で、汗をかいてコントをやっている。その臨場感。

だから、同じことをやっていても、笑ってしまうのだと思います。

この年になると、自分の親だったり、親友だったり、人の死というものに出くわす機会が多くなってきました。

そんな中、訃報を聞いた途端に涙が止まらなかったのは、志村さんだけでした。志村さんが親戚のように扱ってくれたから、まるで自分が親戚みたいになっていたのかもしれません。

けれども、世の中の人はみんな死ぬわけで、それは決まっていることです。

いま街中を歩いている人がたくさんいますが、100年後は誰も生きていない。

ただし、消滅しても「無」にはならない人がいます。

みんなの心に残っている人は、無にはならないので、志村さんは死んでいないと僕は思っています。

いままでに、いろいろな人と共演させていただいて、それぞれに素敵な人がいましたが、志村さんは圧倒的に「近い」存在でした。

近くて尊い。それでいて、あたたかい。

ジャンルは関係なく、ああいうスターはいないと思います。

はにかみ屋で、とっつきにくそうな雰囲気に見えるときもあるかもしれませんが、本当にあたたかいんです。

偉大な人というのは、自分にとってのその人を想起させます。

それは著名なスターにもあるのですが、志村さんの場合は、それよりも、もっと深いところに染みいってくる。そういう近さを感じさせてくれるスターは、志村さんが唯一と言ってもいい。だから、日本中の皆さんが悲しんだんだろうと思います。

また、その去り方が、なんの心の準備もできなかったので、「ちょっと待ってくれよ」という気持ちになった人も多かったでしょう。

心と一致させるのには時間がかかります。

でも、それも志村さんの不器用さというのか、最期までそうだったのかと、愛おしい気持ちにならずにはいられません。

BUNGAKUZA AT HOME

対談

角野卓造×渡辺 徹

文学座の座員として

ここでは、文学座の座員の素顔に迫ると言いますか、文学座の先輩、角野卓造さん（文学座9期生、２０２２年より文学座代表）と対談をしていきたいと思います。

卓造&徹の部屋［前編］

角野　二人で対談というのは以前にもしたことがあって、それはもうだいぶ前になりますね。そのときは二人で車に乗って、あなたの故郷のほうに行ったんでした。

渡辺　そうでしたね、山の上でラーメンを食べたりして、楽しい思い出です。

ここであらためて、角野さんとの関係についてお話しするなら、角野さんから見れば、僕（文学座20期生）はずいぶん後輩になりますが、文学座での芝居を振り返ると、角野さんと絡ませていただくことが、本当に多かったです。

あるときは義兄弟だったり、親友だったり。角野さんが22歳の役で、僕は20歳の役で、という設定もありました。

「息子ですこんにちは」という作品で、北村和夫さんも出演されています。
初演は1991年ですが、なかなか好評で再演、再々演があって、再々再演のお話もあったのですが、角野さんのほうから、「もう22歳は無理だ」ということがあったと記憶しています。当時、僕は30歳、角野さんは40代になっておられた（笑）。

角野　舞台とはいえ、22歳の役は、その見た目をつくるのが本当に大変だったんだよ、僕の場合（笑）。でも、こんなことを自分で言うのもアレだけど、あれだけ忙しい人たちが集まっていて、それこそ北村さんは他にもたくさん仕事をしていらして、平淑恵もマスコミにも多く出ていたし、あなたは、それこそ本当に忙しかったと思うけれど、全国をまわる、あれだけの長い旅がよくできたものです。面白かったなあ。

渡辺　ほんとうにそうですね。角野さんこそ忙しかったと思いますが、それと前後して、「夢夢しい女たち」（1988年）とか「踏台」（2004年）でも角野さんとご一緒できました。
これは文句じゃないんですが、角野さんとの芝居は、旅が長いんです。いろいろなところから呼んでいただけるので、日本全国、各地に行くことになるわけです。

角野　そうでしたね。全国各地に行っていても、おたがいに、翌日テレビの仕事が入っていたりして、最終の新幹線に二人で乗ったこともありました。

それでも、あの頃、ああいう旅が長く続くというのは、劇団ならではだったと思います。

それだけ売れる、という言葉はあまりよくないですが、そういうふうにいろいろなブロックをまわれるというのは、劇団の経済もうるおうし、なにより、いろいろな人たちに観てもらえるというのは有り難いことでした。

渡辺　観ていただいてこそのお芝居ですからね。

我々の仕事は、1か月、1か月半、長いときには3か月と続くこともありますが、その間、朝昼晩ずっと一緒です。宿も一緒、移動も一緒、仕事場の会館、会場でも、もちろん一緒にいるわけです。凄まじいですね（笑）。

角野　でも徹の頃は、もう宿泊は、ほぼホテルだったでしょう？

渡辺　はい。でも初舞台は「マリウス」（1984年）でしたから、そのときは旅館でした。3〜4人の相部屋だったのを、いま思い出しました。

角野　私なんかは、研修科3年目のときに、それは本公演で初めて太地喜和子が主役をした「飢餓海峡」（水上勉作、1972年初演）という作品で、東北、北海道と、初めて旅に行きました。当時、ビジネスホテルというものはなくて、だいたいが旅館。

旅館というと、高級なハイクラスの日本旅館を想像される人が多いかもしれませんが、当時は、日本旅館にも、いろいろありました。

渡辺　そうでしたね。どこの駅前にもある、いわゆる多目的旅館というような……。

角野　そうそう、部屋数だけはたくさんあってね。旅館のほうも、うちの劇団だけでなく、いろいろな劇団が来ていて、慣れてはいたと思いますが、客としてはとんでもない客だったでしょう。

6畳に3人、8畳に4人。上から序列で割り当てられるので、だいたい同じ顔ぶれが同じ部屋になります。

寝ても起きても、隣にいるのは同じ顔。同じ朝ごはんを食べ、同じタクシーに乗って、駅まで行って、列車で座ると、向かい側には、またその同じ顔がある。劇場に行って、若いから、荷物を下ろしたりの仕込みの手伝いもするのですが、それでようやく、よくて2～3時間の自由時間ができます。そして改めて楽屋入りして、化粧台に座ると、また同じ顔がいる。舞台でも、隣にいたりする。

これが一月《ひとつき》くらい続くと、もういいかげんイヤになってきますよ（笑）。

渡辺　今おっしゃった自由時間、空き時間の、角野さんの使い方を、僕は、角野さんのお芝居と同じくらい、尊敬していました。

旅のときには、「ボテ」と僕らが呼んでいる箱があるのですが、これに私物を入れて、移動中、大道具などと一緒に運んでもらうのです。いまで言うトランクみたいなものですかね？

角野　そうそう。ボテは、木と竹と紙でできていて、張りぼての「ぼて」から来ているようです。

渡辺　たいていポテには化粧道具などが入っているのですが、角野さんのポテをちょっと見ると、その旅する場所のグルメブックの類いが必ず入っているのです。それも一冊ではなく、数冊ですよ。

そしてフリーになると、角野さんはスッといなくなります。グルメブックを片手に、そこに載っているお店をまわっていたのでしょう。あの時間の過ごし方はスゴいなと思っていました。

角野　それはね、たしかに徹と一緒に旅をする頃はそうだったけれど、私が劇団に入りたての頃は、そういうガイドブックというのが、まだ、それほどはありませんでした。だから、その町に着くと、その本屋に行って、タウン誌とか、その地域でしか買えない冊子を見て、その辺りを歩いたものです。でも、当時の情報として役に立ったのは、口伝えに聞いたことです。

「蕎麦なら○○」「ラーメンなら××」「夜、飲みに行くなら、あの一角の、この店がいい」というように、先輩たちから聞いて覚えたものでした。

当初、旅に行って一人になる自分なりの方法は、いろいろあります。たとえば、パチンコ店に行くということでも一人になれます。映画を観るという手もありますが、映画は時間が決まっているので、途中から観るのも、途中で出るのもイヤなものです。

それで、当時の僕にとっての一番は、ジャズ喫茶でした。当時のジャズ喫茶というのは、ライブなどではなく、ＢＧＭにモダンジャズがかかっていて、おしゃべりはしてはいけないのです。ただ聴くだけ。コーヒー1杯で、2時間くらいいても、とがめられるようなことはありませんでした。

たいていは、文庫本なんかを持っていくのですが、それは音楽を聴くためとか、本を読むためというより、一人になるための時間でした。

それで知り合いになったお店も結構ありました。

旅というのは、そこで芝居ができる楽しみはもちろんありますが、そういう店めぐりをするというような楽しみもありました。

渡辺　さて、旅の思い出は尽きないですが、僕の話もいろいろありますが、それはまた別の機会として、今日は文学座の座員としてのお話をさせていただきます。

角野さんは、座員になって、もう何年ですか？

角野　50年、ですね。養成所に入ったのが、21歳になったばかりで、いま72歳になるところですので、正味50年ということになりますね。

渡辺　座歴50年ですか。その原点に戻りますが、角野さんが文学座に入るきっかけは何だったんですか？

角野　当時、学生演劇というか、大学で演劇部に入って活動していたわけです。

演劇状況というのを少し喋ると、新劇というのは、もちろんあって、それは確立されていました。そして、先ほどお話ししたように、そういう新劇の劇団は、日本全国を旅してまわっていました。東京公演をしてから旅に出ることもあれば、旅をしてから東京公演、ということもありました。

そういう体制がしっかりとできてはいましたが、世の中の流れの中では、演劇は小劇場運動がものすごい勢いで高まっていました。

渡辺　1970年代でしょうか。

角野　そう。正確には、私が知っている範囲になりますが、1970年より少し前の1967〜68年くらいでしょうか。それは演劇に限らず、音楽、ファッションなど、ありとあらゆる文化が、日本だけでなく世界中で動いていた。

既存のものに対して、いちばん根っこのところから、「これは何だ」ということを疑ってかかれ、という時代でした。

演劇そのものを、完成されたものとしてとらえない。

だから、「劇場でなくてもできるだろう」ということで、原っぱにテントを建ててもできるし、ビルの地下の小さい空間でもできる、ということがあったわけです。

表ではないという意味の「アンダーグラウンド」という言葉がついた場所や空間も、演劇だけでなく、いろいろありました。演劇の流れからしたら、日本の、とくに東京の、小劇場運動というのは、すごく強いものがありました。

渡辺　そういう社会的な雰囲気の中で、演劇の世界でもいろいろなムーブメントが起こり、新しい風が吹きだしている。その中で、角野さんはなぜ、文学座を選んだのでしょうか。

角野　端的に、一言でいえば、それで「食べたかった」。

自分のやる仕事で、役者という仕事で「食べたかった」。

当時は学生で、学生演劇をやっていたし、小劇場運動の波はもろにかぶっていたから、その影響を受けて、観ている芝居は、そういう芝居ばかりでした。もちろん新劇も観てはいましたが、新劇が大好きで、ということではなかった。

だけど、芝居は好きなんだけど、小劇場では食えない、というのは自明の理だったから。だったら新劇ならば食べていかれるかといえば、その保証はないわけだけど、まだ可能性はある、と思った。劇団に入っても、芝居だけでは、1年の生活はできない。だから、映画放送部などマネージメントをしてくれるセクションがあって、外の仕事はできるということでなら、「食べられるだろう」。その可能性はあるだろう、と考えたわけです。

渡辺　それで文学座に入られた。でも、他にも選択肢はあったんですよね？

角野　じつは今、この対談をしているのは、文学座のアトリエの2階の応接間なんですが、僕が文学座に入るときの2次試験の最終面接の場所がこの部屋なんです。当時、代表幹事の戌井市郎《いぬいいちろう》さん、テネシー・ウイリアムズを訳された鳴海四郎さんなど、偉い方たちが並んで座っておられるわけです。

そこで、

「あなたは、どういう芝居を観ますか？」と聞かれて、正直に、小劇場ばかり観ていると答えました。

「文学座の芝居は観たことがありますか？」と聞かれたので、「はい、『阿Q外傳《あきゅうがいでん》』を観ました」と答えました。

「阿Q外傳」は宮本研さんのシナリオで、北村和夫さんが主役をされていました。これは確かに面白かったので、面接でも、その話をしたわけです。

でも、「女の一生」も観ていなければ、何も観ていない。唯一の拠り所は、嘘はついていない、ということだけでした。

だから、杉村春子さんを初めて生で見たのは、「阿Q外傳」の秋瑾《しゅうきん》という女性革命家の母親の役をされたときです。娘が刑場で殺され、その亡骸を大八車に乗せて墓場まで運ぶ。舞台を横切るだけ。それしか登場しない役なのですが、それを杉村春子さんがされていました。それは、いまから思えば、すごいことだったと思います。

そうして面接はなんとか終わりましたが、自分としては正直に話をしたし、これで落ちても仕方がない、いや落ちるだろうと思っていました。

じつは、そのときに、唐十郎さんの「状況劇場」、佐藤信さんの「アンダーグラウンドシアター自由劇場」「劇団黒テント」と並んで前衛劇団の御三家といわれた鈴木忠志さんの「早稲田小劇場」というのがあって、これは自分に肌が合うなと思って、そこも受けていたんです。

早稲田小劇場は、文学座の面接のときには、じつは合格していて、入所金も払って、

「入所証」までもらっていました。

だから、面接も、それほどにはビビらずにいられたわけです。

つまりは、「何としてでも入れてください」というより、「素の自分を見てください」という気持ちで、面接を受けたということです。

それで落ちるだろうと思っていたら、1週間たって合格の通知が届いたわけです。


渡辺　僕の場合は、演劇にまったく関わりなく学生時代をすごして、高校を卒業して、文学座に入ったわけです。

そのきっかけとなったのが、奇しくもと言うべきか、地元のアマチュア劇団の芝居「わが町」だったんです。「わが町」は、ソーントン・ワイルダーの戯曲で、文学座でも何度となく公演されている作品です。

文学座を受けるにあたって、それまで一度も観たことがなかったので、一つくらいは観ておかないといけないと思って観たのが、「結婚披露宴」でした。

角野　「結婚披露宴」！　それは私も出ていました。北村和夫さん、田中裕子さんも出ていて、北村和夫が全裸になるという作品でした。

渡辺　そうなんです。高嶺の花である「文学座」の、僕が初めて観たのが、北村さんが全裸になる、角野さんがベッドからお尻を出して転がり落ちる「結婚披露宴」。そういう芝居を観て、正直な感想は、「こういうことをやっていいんだ」でした（笑）。

角野　お尻を出してベッドから落ちたのは新婚初夜のシーンなんですが。この作品を観て、文学座を受けたというのは、ネタにしているな（笑）。

渡辺　けっしてネタではありません（笑）。

ただ自分でも、自分のやりたいことがよくわかっていなかったのはたしかです。自分がやりたいのは、演技なのか、演出なのか。でも入ったら演技、役者しかなかったので、役者になった、というわけなんです。

それほどに文学座に入りたいと思っていたわけではなかった、というのは、角野さんとの共通点なのかもしれませんね。

角野　いや、こんなことを言ったら怒られるかもしれないけれど、文学座が好きで好きで、ここに入りましたという人は、そんなにいないと思うよ。

それよりも、「役者になりたい」と思って入ってきているのだと思う。文学座に入りたいと思っても、外から見たのでは、それはよくわからないと思いますから。自分が何か、やりたいことがあって、その手がかりがここだったということではないでしょうか。

●卓造&徹の部屋［後編］

渡辺　角野さんといったら、僕らの世代の印象としては、何と言っても文学座の「アトリエ」の先駆者、開拓者です。その辺のお話をぜひ伺いたいです。

角野　少し説明すると、「アトリエ」は、文学座の稽古場であり、前衛的実験的な作品を上演する「アトリエの会」を行う文学座の拠点として、1950年に竣工されました。その建物には、15世紀末から約1世紀続いたイギリスの建築様式（チューダー様式）が採用されています。

当初は、エリザベス朝演劇――いわゆるシェイクスピアより少し前の、16世紀のエリザベス女王1世が在位中のイギリス演劇で、ドロドロした残酷な芝居が多くて、それを「アトリエ」でやっていました。

それが、ちょうど私が劇団に入った頃に、シェイクスピア劇をやるようになるのです。イギリスのロイヤル・シェイクスピア・カンパニーから、演出家ジェフリー・リークスさんを呼んで、「トロイラスとクレシダ」「ハムレット」「ロミオとジュリエット」（1972年）の3本を連続上映したのです。

小田島雄志先生が全作品を翻訳されるんだけど、「ハムレット」は特に、わかりやすい話し言葉になっているのが画期的でした。シェイクスピアの時代の掛詞《かけことば》や洒落が、日本語でも生かされていたんです。

渡辺　単なる英訳ではなく、ちゃんと韻を踏んでいたり、というところですね。

角野　そうそうそう。そのハムレットは、江守徹さんがやったんだけど、これが大評判になった。それまでは「生か死か、それが問題だ」という台詞を、「このままでいいのか、いけないのか。それが問題だ」。これが小田島訳。

このアトリエに、400人の観客が入ったこともありました。いまは消防法とか、いろいろあるから絶対にできないことですが。

そして何を隠そう、そのとき私は、ウォーキンプラスの兵隊をやりました。

舞台の最後に出てきて、ハムレットの亡骸を担いでいく役でした。

渡辺　それが、角野さんにとっての最初のアトリエですか？

角野　それが最初のアトリエ。アルバイトというか、実習として出てもらいたいということで出させていただきました。

渡辺　その頃、アトリエはもう自由空間になっていたんですか？

角野　うん、そのときには、もう自由空間になっていました。

このアトリエは、もともと稽古場として建てられたもので、三越劇場を参考にしてために、舞台のサイズが、いまでも現存している三越劇場の舞台と一緒なんです。

客席は三越劇場ほどはないわけですが、ちゃんと緞帳《どんちょう》もあって、舞台と劇場が、ちゃんとセパレートしていたんです。それが、誰の発想なんだろうね。

渡辺　あるとき、それを全部取っ払ってしまえということになった。

これは噂で、昔のことはわかりませんけれど、杉村先生が旅をしている最中に、それを勝手に取っ払ってしまって、戻ってこられた先生が愕然としたという話を聞いたことがあります。

でも、これは文学座の一つの特色だと思うんですよね。

若い役者や演出家が、自由に立ち振る舞いができる。そんな風通しのよさというのが、文学座の伝統としてあるんじゃないかなと思っています。

角野　その舞台を取っ払ったことから始まった「アトリエ」の自由さというのは、本当に素晴らしいものがあったね。

ここが演じる場所、ここが観る場所という、劇場をそのまま持ってきたのとは違う。手前味噌みたいになってしまうけれど、私が学生時代に思っていた小劇場のような空間が、まさにここにできた。そういう感じが、私にもありました。

渡辺　先ほどは文学座の芝居は、文学座を知るまで観たことはなかったと言ったのですが、高校のとき、ＮＨＫの劇場中継で、無意識に観ていたことを、いま思い出しました。それが、このアトリエからの中継で、たしか別役実さんの作品でした。

テレビで観て、それも衝撃でした。

アトリエというと、別役実さんの作品、そして俳優、角野卓造、小林勝也がゴールデンメンバーで、それによって、このアトリエが、もっと世の中に知られていくというイメージがありました。

角野　小林勝也さんは、その前からエリザベス朝演劇、そしてシェイクスピア・フェスティバルなんかでも、どんどん自分たちで企画を出して、演出も手がけるようになっていきました。

私が本格的に、アトリエに初めて出たのは、北海道の寺久保友哉さんという精神科医のお医者さんが書いた「ムッシュ・Ｓ」（１９７３年）という芝居でした。そのときはもう、舞台と客席という分け方がなく、自由空間になっていました。

シェイクスピア・フェスティバルが終わった後に、なぜか創作劇上映委員会というところが来て、創作劇をやろうというムーブメントが始まって、そこからはかなり長いあいだ、創作劇をやることになりました。

「ムッシュ・S」の次に、その年の暮れにやったのが、なんと、つかこうへいさんの「熱海殺人事件」です。

つかこうへいさんが、たぶん早稲田小劇場でやってもらいたいと思って書いたんじゃなかろうか、という話が、長谷川康夫さんの『つかこうへい正伝 1968-1982』という分厚い本を読んだら書かれていました（笑）。

別役さんはもともと早稲田小劇場の創立メンバーで、その前には、文学座のアトリエで「カンガルー」（1967年初演）という芝居をやっているものだから、コンタクトがあって、なぜか「熱海殺人事件」がアトリエにまわってきたんじゃないかな。

だからね、それがあんなふうになるとは最初は思いもしませんよ。

「なんだこの芝居は」って思った。ただ、その半年くらい前に、まだ「つかこうへい事務所」とは言っていなかったんだけど、つかさんの「郵便屋さんちょっと」と「ゆびうで」、そして「戦争で死ねなかったお父さんのために」という代表作3本が連続上映されて、偶然、「郵便屋さんちょっと」を観ているんです。そのとき、面白い人たちが出てきたなと思ったんです。

まさか、その半年後に、このアトリエで、その人が書いた芝居で配役されるとは！なんというか、夢のような時間でした。

渡辺　金内喜久夫さんが、部長刑事の木村伝兵衛でしたね。

角野　そう、それで私が新任刑事の熊田留吉でした。いやー、面白かった。

渡辺　そういうものを生み出すのがアトリエなんですが、もう少し具体的に伺いたいんですけど、別役作品を何作品もやられましたよね。

角野　そう、そのあと、つかこうへい作品を、うちの劇団は全部で4本やりました。その3本目の後くらいから別役さんの芝居が始まった。それが「数字で書かれた物語」（1974年）で出させていただきました。
もうその頃は、小林勝也さん、田村勝彦さんと私が、ずっとつかさんの芝居に常連で出ていました。そして、別役さんの芝居が始まったときも、そのメンバーでした。「数字で書かれた物語」というのは、1930年代に実際に起こった「死のう団（しのうだん）」という、自殺をするのが目的の、宗教団体の事件をネタに、共同体のあり方の典型を6場面くらい書くのですが、その中に、みんなでメシを食う場面があるのです。

渡辺　伝説のシーンですね。

角野　「家族ゲーム」という映画をご存じだと思うんだけど、それにもありましたが、横並びで「最後の晩餐」みたいに、みんなで同じものを食べるシーンがあったんです。食べているうちに、間違って隣の人のを取ってしまう。そのメシを食うことの面白さ。最初は、私たちも吹いてしまう。吹いて、また吹いてしまう。それが別役さんは、とても気に入ったというので、「よし、また次も書こう」と、そこから16連。

「数字で書かれた物語」の次は、「あーぶくたった、にいたった」（1976年）、「にしむくさむらい」（1977年）、「海ゆかば水漬く屍」「天才バカボンのパパなのだ」（1978年）、「天神さまのほそみち」（1979年）、「赤色エレジー」（1980年）というように、毎年1本、ずっと続いて16連、関わらせていただいた。基本的には、メンバーは固定。レギュラーみたいな感じでした。

渡辺　角野さんの俳優人生にとって、別役実さんというのは、どういう位置づけになりますか？

角野　いまでも忘れないのは、3本めの「にしむくさむらい」が好評だったので、3か月くらいで再演したんです。そのときに、別役さんが原稿用紙一枚に書いてくれたことがあるんです。

いさめるというか、調子に乗るなよというような文章だったと思うんだけど、「表現しないで存在しろ」「そこにいろ」「見せようとするな」ということを教えてもらいました。

評判がいいと受けようとして、どうしても役者というのは売りに行きたがる。そういうことをするな、ということが書いてありました。

だけど私は、いさめるというより、「存在しろ」という言葉に、すごく打たれた。「居る」ということ。

そこに、どういうたたずまいでいられるかが、いちばん大事だということです。

渡辺　僕は今、大学で講義をしていて、その題材を別役さんの作品でやっているんです。別役さんには憧れがずっとあって、2017年、文学座の創立80周年記念公演として、「鼻」（別役実・作／鵜山仁・演出）を紀伊國屋サザンシアターで、江守徹さんと一緒にやらせてもらったんです。

そうしたら、別役さんが稽古場にいらしてくださって、それこそ本読みのときから笑みをたたえて聞いてくださいました。

いろいろと質問の時間がありますから、

「別役さん、ここはどうなんですか？」

というようなことを聞くと、
「んー、当時の筆の走りですね」
とかおっしゃるのが、また楽しかったです。2020年に亡くなられましたが、それが、お目にかかった最後になりました。

角野　このアトリエでやっている芝居もそうなんだけれど、別役さんは、本公演にも書いてくれた。ある種、系列が2系統あったわけです。

アトリエでやっていたのは、生活感にあふれた小市民の日常を土台にしたものが多かったです。一つの事件というものをテーマに、最後には必ず、殺しがあったりするんですけれど、現実に起こったことを、一つの劇にして読み解く、というようなスタイルでした。

「鼻」は、フランスの剣術家であり作家の「シラノ・ド・ベルジュラック」への思いというのが一つのモチーフになっていますが、そういうモチーフを扱っているのが、もう一つの流れになっていると思います。

それから、僕もやったことがあるのですが、ジョバンニのシリーズ『銀河鉄道の夜』が、別役さんはすごくお好きで、その世界と、自分の劇の世界とをつなげたいという思いがあるようでした。どちらも少し、抽象的ですよね。

だけど、私が主にアトリエでやっていたのは、日常生活に迫る芝居。

たとえば、物を食べながら会話したり、女性だったら編み物をしながら、つまり、何かをしながら、仕事しながら、演技をしていくわけです。

空に向かって台詞を言うというようなことは、ほぼない。

だから、そのことは、現実的に言うと、ほかの本公演でいうと、迫る芝居というのに役に立ったというか、それが土台になりました。

一つ大きいのは、映像の芝居をするとき。それまでは、テレビのドラマに行っても、ものすごく大きい声で、はっきりしゃべろうという、舞台の感覚で芝居をしてしまうのです。知らず識らずに表現してしまうのです。

それが、別役さんの芝居のおかげで、そんなことじゃないということがわかったんです。

最初にドラマのスタジオに行ったときには、立派な俳優さんたちが、どうしてボソボソしゃべっているんだろうなと、リハーサルをしていて不思議に思ったんだよ。あーそうか、カメラが寄ってきてくれる、マイクも寄ってきてくれる。舞台のように、大勢のお客さんに向かって何か表現することは必要ないんだなということが、別役さんの芝居をやって、その理屈がわかった、というとおかしいのですけど。

渡辺　それ、すごくわかります。

いまテレビの話が出ましたから、そちらの話にいきたいのですが、僕もテレビでも仕事をさせていただいていますが、文学座というのは、その辺が代々、昔から寛容というか、マスコミの仕事、テレビでの活躍を後押ししてくれています。

角野　私みたいなやつは、テレビの世界に入って、バッといい役をもらえるというふうなことは思っていなかった。

おふくろに言われたことをよく覚えているんですけど、

「あなたも、10年くらい辛抱していたら、芦田伸介さんみたいな役者になれるんじゃない？」

と言われたことがあったんです。そんなことを言ったら、芦田さんに失礼ですけど、当時は、「七人の刑事」というのがあって、その7人というのは、「太陽にほえろ！」じゃない系統の、わりと地味な人たちだった。それも、若くてカッコイイ人がいない。おじさん7人だったわけです。

すごくラッキーだったのは、とくに20代の頃、多いときは１８０ステージくらいの芝居がやれたことです。アトリエが終わったら、すぐに本公演の稽古に入って、すぐに旅して、東京の初日やって、千秋楽をやって、また一月くらいの旅。そして、また帰ってきたらアトリエで稽古。

１８０日ということは、ほぼ2日に1回は舞台に立っている。ということは、毎日芝居をやっている、ということになります。いちばん多いときですよ。

マスコミで、ぼちぼち仕事がつき始めたのが、28～29歳くらい。いまがそうじゃないとは言わないけど、いい意味でのアマチュアイズムというか、視聴率なんか関係ない、もっとつくるものがある、という志を感じていましたね。
だから、ドラマの本数も多かったです。「人間模様」とか「土曜ドラマ」とかの問題作、「大河ドラマ」も経験させていただいて、こうして振り返ると、テレビの最初の10年くらいは、ＮＨＫに教えてもらったと思っています。

渡辺　僕は「太陽にほえろ！」でデビューさせていただきましたが、じつは「太陽にほえろ！」の新人刑事というのは、文学座から結構出ています。
松田優作さん、宮内淳さん、山下真司さんがそうです。

角野　中村雅俊さんも、そうだね。

渡辺　雅俊さんは、「太陽にほえろ！」じゃなく、学園ものです。でも、じつはその学園ものと「太陽にほえろ！」のプロデューサーが一緒で、「太陽にほえろ！」の鑑識課かなにかの役でカメラテストを受けていたそうです。それがＯＫになって、「われら青春！」が決まったそうです。

角野　「太陽にほえろ！」の階段は踏んでるんだね。

渡辺　雅俊さんがカメラテストしているのを松田優作さんが見て、「大丈夫か、緊張しなくていいんだからな。

石原裕次郎とはいえ、同じ人間なんだから緊張することはないぞ」と、前の晩に電話をくれたそうです。

現場に行ったら、優作さんが、

「かたいなお前、もうちょっとこう言ってみろ」

というように、十分に練習して、優作さんと二人で、裕次郎さんの前で「本番」となったそうです。

雅俊さんが割と長い台詞をスムーズに言って、そのあと優作さんが「あれれれ」と噛んじゃった。先輩のほうが緊張していたようです（笑）。

それが文学座のいいところなんですけれど、そういう流れがあって、僕は「太陽にほえろ！」に出させていただけたと思いますが、一方で、舞台も頻繁ではなかったですが、文学座でやらせていただきました。

もともとは、みんなで何かをつくりたいという原点があって文学座に入ったのですが、いったん文学座に入ると、「座員になること」は憧れなんです。

研究生になってからは、ともかく座員になりたい、というのがすごくありました。

でも、それには、研修科の発表会などに出ないと査定してもらえません。

それで「太陽にほえろ！」のプロデューサーに、「お願いがあります」と言って、

「発表会だけ出させてもらえませんか」

と言ってみたのです。

「おまえ、面白いこと言うね」と言われましたが、「わかった、いいよ」と言ってくださって、「太陽にほえろ！」をやりながら、研修科の発表会に出ていました。

多くはなかったですが、そのときは「太陽にほえろ！」の出番を、役の上で、ケガしたとか入院したという設定にして減らしてもらっていました。

そんなこんなして、劇団とテレビのスタッフの両方に守ってもらいながら仕事がで

きたということがありました。

角野　それはめずらしいかもしれないね。たいがい、言葉は悪いけれど、そういうふうに売れると、劇団の座員になろうという意識はなくなって、「もう一人前の役者だ」みたいになることが多いかなという気がする。けれども、あなたは、「自分は舞台をやる」という。それはすごく感じることです。

渡辺　こういう場だから、あえて言わせていただきましょう。

繰り返しになりますけれど、好きにさせてもらったきっかけが、角野さんなわけです。初めて観た芝居、テレビでも観た芝居、その両方とも、「ワケがわからない！」。でも、「これは面白いぞ」というのが原点にあったので、文学座にいさせてもらった。それだけです。

角野　舞台に立ちたいという思いがある。いまでも、それを感じる。

これだけ大スターになっても、舞台に立ちたいという。それが徹の素晴らしさだと思っています。

渡辺　そう言っていただけたこと、この場で先輩とお話ができたことは本当にうれしかったですが、最後に、文学座のことも含めて一言いただきたい。

角野　私はもう、文学座の舞台にも、ほかの舞台にも、立つ予定はございませんが、どこかで支えることができれば、支えていきたいと思っています。

皆さんのご来場をお待ちしております。

こんな話はね、いくらでもできるよ。今日は本当に、ほんのちょっとしか言っていない。徹との話もね、それは3時間くらいできるんです。だから、こういう機会を、またぜひつくっていただきたい。

渡辺　芝居というのは、いるのかいらないのかと言ったら、いらないのかもしれません。でも、芝居があるからこそ、人間の生活にうるおいがあったり、豊かな感情が生まれたりする。それを信じて、我々はやっているわけですから。

こんなご時世だからこそ、心のうるおいを忘れずに、ぜひとも機会が生まれましたら、劇場に足を運んでいただきたいと思います。

なにしろ、劇場というのは、演じる側のエネルギーと観る側のエネルギーのキャッチボールができる、とても素晴らしい場所だと思っています。

劇場で、お待ちしております。

5

（第5章）

家族の絆

妻と出会い、家族に恵まれた人生

すべては女房のおかげ

つい先日、11月22日は「いい夫婦の日」ということで、それにちなんで「いい夫婦パートナー・オブ・ザ・イヤー2021」に、僕ら夫婦が選ばれましたが、これは、なんとも照れくさいものです。

人様から「いい夫婦ですね」と表彰されて、どうしたらいいのか。

そのときの記者会見で申し上げたのが、

「いい夫婦イコール、いい亭主ではありません。

迷惑かけたり心配かけたりしていますから、いい夫婦と言っていただけるのは、すべて女房のおかげです」

ということでした。

すると、その場所にいた記者の皆さんが、全員、深くうなずかれるのです。一人くらいは、「そんなことはありません」と言ってくれるんじゃないかと思ったのですが、期待は見事に裏切られ、ちょっとショックでした（笑）。

結婚して35年、36年目となりましたが、それだけ一緒にいたら、いろんなことが、デコボコとあったわけです。

真っ赤なブリーフ

なかでも、女房に本当に迷惑をかけたなと思うのは体調の面で、闘病ということがあります。

今年（2021年）の3月には舞台をやっていたのですが、それを降板して、4月、5月で、心臓の治療をしました。

大動脈弁狭窄症。大動脈弁は、送り出した血液が心臓に逆流しないよう、3枚の弁が組み合わさって、大きく開き、しっかり閉じる仕組みになっているそうです。

この大動脈弁が開きにくくなることで、血液の流れが妨げられてしまうのが、この大動脈弁狭窄症です。

その治療のために、長めのお休みをいただいてしまったのですが、おかげさまで、出会った先生がいい先生で、従来ならばメスで胸を開いて、心臓の血を一回止めて、弁を人工弁に取り替える、ということをしなければならないのですが、「TAVI」という「経カテーテル大動脈弁留置術」を使っての治療をしていただけました。

カテーテルなので、胸を開けずにすんだわけです。

鼠蹊部から動脈にカテーテルを入れて、そこから心臓の弁に、カチッと人工弁をつけたら、ハイ終わり。2日後には退院、すぐに仕事に復帰できるというので、その治療法をお願いしました。

医学、医術は、進んでいるものですね。そのことを強く実感しました。

ただし、そこに至るまでに検査があり、その段階でアナフィラキシーショックを起こしてしまい、手術はそれが全部治ってから、ということで、時間がかかってしまいました。

また当時はコロナ禍で、家族の面会もままなりません。

うちは息子が二人いるのですが、もう、いい大人ですから、ふだんは、それほど会話が多いというほどではありません。でも、そのときにかぎっては、「お父さん、大丈夫か？」「元気か？」とマメに連絡をしてくれました。

ちょうど入院しているときに、還暦の誕生日を迎えたのですが、その日は、女房だけは病院の許可をとって見舞いに来てくれました。

そうしたら、長男の裕太が、病院近くの駅まで来て、女房に、「兄弟から」と言って手渡してくれたものがあったんです。

女房が病室まで届けてくれて、「なんだろう？」と思って開けてみたら、なんと中身は真っ赤なブリーフなんです。ブランド物で、それが3枚入っていました。

これはもう親馬鹿ですが、嬉しくて、嬉しいものですから、そのブリーフをはいた写真を息子たちに送ってやろうと思ったわけです。

ところが、これが難しい。なかなか、うまく撮れません。

どう撮るのが一番いいか、自分でいろいろ試していたところへ、看護師さんが入ってこられて、全部、見られてしまいました。

看護師さんには、「自分のブリーフ姿を写真に撮るのが趣味の男」と認識されたに違いありません。

それでも、写真は息子たちに送ることができました。

からだよりも心が痛かった

病気のことは、いまに始まったことではなく、10年前にも虚血性心疾患、いわゆる心筋梗塞を起こしたことがありました。それ以来、持病がずっとあって、今回は、それが悪化したということだったんです。

家族には、この間ずっと、心配をかけてきたわけです。

少しは自分で気遣わなければならないのですが、懲りないんですね。

女房が勉強して、食事の管理など、いろいろやってくれているのですが、我々の生活のサイクルでは、一日3食、家で食べられるということはほとんどありません。

家で食べるときには管理された食事でも、いったん外へ、仕事に出てしまいますと、どこからか羽が生えてきて、おいしそうなものへと飛んでいってしまうのです。

まったく自己管理ができていなかったのです。

そんなときに、女房から、

「ちゃんとしなきゃダメだよ。ちゃんと検査に行ったら?」

なんて言われると、

「うるさいよ」みたいなことを言うわけです。

「自分のからだは自分がよくわかるんだから、いちいち言わなくていいんだ」

人間というのは、自分に負い目があると、必要以上に強がるものです。

だけど様はない、再発というかたちで心配をかけるわけです。

だから病気になったとき、からだよりも、心が痛かったです。

「また家族に心配をかけたのか」

ということが、つらかったです。

さすがに、退院してからは、検査もマメにするようになりました。

血液検査も1か月に1度は、自分から進んで行くようにしています。

外で食事したときも、それを家に報告するようにもなりました。

そうしないと、また野放しになってしまう、と自分でもわかっています。

でもそうしますと、女房も、一緒に暮らしている義理のおふくろも、顔が穏やかになっていることに気づいたんです。

別居していますが、家に来る息子たちの顔も、やはり穏やかなんです。

そのとき、「ああ、そういうことなのか」と納得したんです。

検査したりするのは自分のためですが、そういう姿を見せることこそが、家族に、「君たちを大事に思っているよ」というメッセージになるんだなということが、この年になって、何度も経験して、やっとわかってきたような気がします。

自分のからだを気遣うことは、家族に対しての、一つの愛情表現でもある。「自分のからだは自分がわかっているからいいんだ」なんてことは、とんでもないことだったんです。

このからだは、家族のためにあるからだなんだということが、病気をして、ようやく、いまごろになってわかったわけです。

いまごろにわかるというのが本当に情けないですが、遅ればせながら、それを実感しています。

皆さんは、すでにお気づきの方は多いかもしれませんが、ぜひとも、家族への愛情表現だと思って、ご自愛をいただきたいと思います。

夫婦はプラス法で始める

極めてプライベートな話ですが、女房に対して、本当に申し訳ないことをしたなと思っていることがあります。

女房は父親を早くに亡くしています。僕も会うことはかないませんでした。その父親が亡くなったのも、心臓が原因だったのです。

心筋梗塞でした。ゴルフから帰ってきて、玄関先で倒れ、そのまま帰らぬ人になりました。女房はもう仕事はしていましたが、まだ21歳で、あまりにも突然のことで、それはつらかったようです。

父親を心臓病で亡くした女房に、また亭主である自分が心臓で心配をかけているというのは、なんてことをしてしまったんだ、と本当に反省しています。

自分のからだに気をつけることは、家族への愛情表現だ、なんて言っていながら、それができていなかったわけですが、それでも、家族というのは、病気になったりすると余計に、どれだけ大事かということがわかります。

家族と、ちゃんとコミュニケーションをとっていかなければいけないなと、改めて思うわけです。

「もとは他人同士。合うわけがない」

私は今、城西国際大学というところで特任教授、東京藝術大学で非常勤講師として、講義をやらせていただいているのですが、どういうことをテーマにしているかと言えば、じつはコミュニケーションなんです。

なぜコミュニケーションかと言えば、演劇が「コミュニケーション」だからです。

「コミュニケーション」とは、「一定の意味内容を言葉や文字、身ぶりなどによって伝達すること」を言います。それによって意思の疎通をはかることにもなります。

ここでは、コミュニケーションについて、お話ししていこうと思います。

皆さんは、ご夫婦でコミュニケーションをとっておられますか？

一つ屋根の下で、一緒に暮らしている。それだけで、コミュニケーションがとれている、と思いがちです。

では、本当にそうでしょうか？

ここであらためて、「コミュニケーション」とは何だろうかということを考えてみます。

よく「あうんの呼吸」ということが言われます。

「空気のような存在」というような言われ方もあります。

どうも、それではコミュニケーションをとるのは難しい気がしています。

じゃあ、どうするのかといえば、前の章でもお話ししました「会話」をしなければ、それはうまくいかないように思います。

前でお話ししたことに補足しながらと申しますと、うちの親父というのは、何の学歴も知識もないような親父なんですが、結婚の直前に、僕に二つのことを教えたんです。

一つは、夫婦になったら、「会話をしろよ」ということです。

会話とは、ただ話すことじゃない。聞くことが会話なんだということを言い聞かせてくれました。

もう一つは、「結婚式をあげたら夫婦になったと思うなよ」ということでした。

結婚式の直前、このめでたいときに何を言っているんだと思ったのですが、父が言うには、「夫婦になったと言っても、もとは他人同士。合うわけがないんだ」というわけです。

これから結婚する息子に、夢も希望もないことを言って、どういうつもりか。

でも、父の言葉は続いていきます。

「血のつながりがある親子でも兄弟でもケンカするのだから、赤の他人がうまくいくわけがない。それを結婚したから夫婦になった、と思っているから失敗する。結婚してから、『あれ、こんなはずじゃなかった』『こんなことをする人だったの？』もしくは『何もしない人なの？』というところで驚いて、減点法になるんだ」

減点法。文字通り、どんどん相手の点数がマイナスされていきます。

「そうじゃなくて、

『あれ、こんなことができるようになった』

『あら、こんなことが言い合えるようになった』

というプラス法にしていくことだ」

と言うのです。

だから結婚式というのは、「いい夫婦になった日」ではなく、「いい夫婦になろうね」という約束をした日で、そこから5年10年とすり合わせてプラス法で、「ふうふ」の最初の「ふ」ができる。

30年、40年を一緒にいて「ふうふ」の「う」ができる。

そして、最後まで添い遂げて、最後の「ふ」で、『ふうふ』が完成するんだぞ」

と父に言われたのです。

この父から言われたことが、ずっと残っています。

「あなたは、うまく聞けていますか?」

うちの夫婦の場合は、ケンカも含めて、言い争いも含めて、もちろん楽しい会話も含めての「会話」はします。

会話をすることで、「溜めない」でいられるような気がします。

これも前の章での話と重複しますが、僕の父が「会話が大事だ」ということと、芝居の神様、杉村春子先生がおっしゃっていたことが、夫婦のコミュニケーションということでも、僕の中で合致したんです。

杉村先生がおっしゃっていたこととは、前の章でお話しした、

「私、最近になって、やっと相手の台詞を聞くことができるようになったわ」

という、この言葉です。

これも少し補足してお話しするなら、それまでは台詞をいうときに、どういうふうにそれを言うのか、どう表現するのかということに精一杯だったというのです。繰り返しになりますが、70年も芝居を続けてきた人が、そう言われたのです。

そして、ようやく、最近になって、自分のことだけじゃない、相手の台詞を聞けるようになった、と言われるわけです。

ただ話す、ただ自分が言うだけではダメで、相手の言うことを聞くことが大事なんだということを、父と、そして芝居の神様ともいうべき杉村先生が、奇しく

も同じことを言っていたところで、

「会話というのは聞くことなんだ。

では、あなたはうまく聞けていますか?」

ということを、いつも自分に問いただきなければいけない、と思っています。

とはいえ、こういう場ですので、理想は語れるのですが、営むとなると、デコボコデコボコ、いろいろなところにぶつかるものです。

失敗も多いです。

でも、その失敗から学ぶことが多いです。

ケンカしても引きずらない

うちの夫婦は、ケンカも多いです。
そのわりには引きずらない、ということはあるのですが、つい最近、ちょっと
ショックなことがありました。
女房が言ったんです。
「お父さん、私たちが、いつも何が原因でケンカしてきたかわかる？」
僕は、「お父さん」と呼ばれているんです。
それはいいのですが、聞かれてもわかりません。
すると、

「食べ物のことばっかり！」

と言うんです。

これはショックでした。

最初のケンカはウインナー問題

でも、考えてみると、結婚して初めてケンカしたのは、「ウインナーソーセージの色」が原因でした。

僕は、赤いウインナーが好きなんです。

ところが敵は、いえ妻は、新婚当初ですから、少しでもおいしいものを考えて、粗挽きの、ちょっと高級なウインナーを朝食に出すわけです。

それは、もちろん悪くないのですが、僕は、小さい頃から、赤いウインナーが好きだったんです。

かといって最初から否定したりはしません。

相手を傷つけないように、

「これ、おいしいね。でも、赤いのも好きなんだよ」

と遠まわしに、やさしく言ってみました。

そのときには、妻も「そうだったの」なんて、やさしく返すわけです。

それから数日後、朝食にウインナーが出たのですが、また粗挽きなんです！

思わず「！」をつけたくなるほど、僕には重要なことなのです。

内心、

「あれ？　このあいだ言ったことは伝わっていなかったのか」

と思い、でも角が立ってはいけないから、抑えながらも、

「粗挽きもいいけど、赤いのが食べたいな」

と前回よりは少し強めに言ったわけです。

するると妻は、「ああ、そうなんだぁ」と言って、その日は終わります。

そして、また数日後、朝食にウインナーが出ているのを見ると、また粗挽きだったんです。

それを見たとき、

「俺はもう、出ていく」

と言って、席を立って、本当に出ていきました。

それが最初のケンカでした。

もう35年も前のことですから、どこに出ていったのか覚えていなかったのですが、女房が言うには、庭に出ただけだったようです。まったく情けないことです。

夕べも、うどんで、ちょっとありました。

おいしいうどんを大阪から取り寄せたんです。寒かったので、今日はこれがいいねということで、夕飯はそのおいしいきつねうどんになったんです。

ちょうど次男が遊びに来ていて、一緒に食べたんです。

女房が用意してくれて、みんなで食卓を囲んで、さあ食べようかなと思って、息子のうどんをパッと見ると、うどんの量が、僕より多いんです。

「あれ、俺のうどん、少ないね」

と言うと、

「からだのことを考えてるから」

と女房は言うわけです。

からだのことがあっても、うどんの1~2本で、たいしたことはないだろうと思って、それを言うと、

「また細かいこと言って……」

「いや、そうは言うけど……」

ということで、つい、ケンカしました、スミマセン（笑顔）。

●また夫婦二人きりになった

そんなふうに、デコボコデコボコやっているわけですが、最近、神様というのは、よくしてくれたものだと思っています。

というのは、夫婦になって子どもができると、うちは息子が二人ですが、夫婦の会話というのは、子どもに関してのことが多くなります。

子どもの教育について、とか、うちは息子にサッカーをやらせていたので、そのこととかが話題になります。

また、遊びに行こうというときでも、子どもを喜ばすために遊園地に行こう、レストランでも、子どもが食べられるところに行こう、というように、なにかにつけて「子ども」「子ども」で来たわけです。

ところが、その子どもたちが大人になって、それぞれ独り立ちしてしまうと、また夫婦二人に戻されます。

子どもをかいさずに、二人きりで話すというのは、何十年もなかったので、急に、ドキドキしたりして、「なに話そうか」なんて思うわけです。

でも、それはそれで慣れてきたら、

「ちょっと近くに買い物に行くけど、つき合う?」

「うん、行くよ」

なんていうことができるようになります。

一緒に買い物に行くと、余計なものをカゴに入れて、また叱られたりはするのですが、そういう時間ができるようになるわけです。

それで、何十年ぶりでしょうか、というくらい久しぶりに、近所の居酒屋に二人で、飲みに行ったこともありました。

コロナ禍の前でしたが、お気に入りのおかずがあったので、それを目当てに飲みにいく、ということもあります。

夫婦二人で飲むと、酔うんです。

皆さんは経験ないでしょうか。夫婦二人だと、すごく酔います。

これには二つ、理由が考えられるのですが、一つは、

「気を遣わなくていい」

というのがあると思います。

接待でも何でもないわけですから、好き勝手に飲むわけです。

もう一つは、

「酒でも飲まないと、間が持たない」。

さて皆さんは、どちらでしょうか？（笑）

ここで何が言いたいのかといえば、

「夫婦というのは、また二人きりに戻ってくる」

ように、神様がつくってくれているなと思うのです。

夫婦となったからには、ずっと二人で、支え合っていくのだと、おぼろげには思っていたのですが、最近はリアルに、そう思うことが多くなりました。

行き違いも面白い

おたがいに60代になって、ちぐはぐなことが生まれてきました。

つい先日も、出先でスマホを持っていたら、女房からLINEが来て、「いま、どのあたり?」というのを聞いてきたのです。

そのときは劇団の旅の最中でしたので、

「いまタクシーで、マネージャーと会館に向かっているところ」

と返すと、

「馬鹿言ってないの」と女房。

なに言っているんだろう? と思って自分が送ったのを読み返してみると、

「いまタクシーで、マネージャーと快感に向かっているところ」となっていました。「会館」のつもりが「快感」になっていたのです（笑）。

マネージャーは男性なんですが、そのマネージャーと、タクシーで何をしているんだ？　と自分でもツッコミを入れたくなります。

そんなことが多くなりました。

スイッチを入れてくれ！

ところで、うちの寝室にはシャワールームがついています。

起きてすぐにシャワーを浴びられるように、そうしたのですが、ある朝、シャワーを浴びようとしたところ、ボイラーのスイッチを入れるのを忘れて、冷たい水しか出なかったのです。

寒いので慌てて、シャワールームの扉を開けると、そこは洗面所で、ちょうど女房が歯を磨いていました。

それで、

「ちょっと、ボイラーのスイッチを入れてくれよ」

と言ったのですが、

「馬鹿言ってないの」と女房。さっさと洗面所を出ていってしまいました。

しかたなく、びしょびしょのまま、スイッチは自分で入れて、シャワーを浴びたのですが、そのあと、朝食のテーブルについたときに、

「おまえ、さっき何だよ。冷たく出ていっちゃって」

と言うと、

「もう、やめてよ」と女房。

よく話を聞いてみると、

「ボイラーのスイッチを入れてくれよ」

というのが、女房には、

「オイラのスイッチを入れてくれよ」

と聞こえたそうです。

「そんなこと言うわけないだろ！」

と思いますが、そんな冗談のような話が冗談でなく現実で起きる、そんな年齢になってきたということでしょうか。

いろいろな経験をするものです。

芸能人はつらいよ

話は戻りますが、病院でも、いろいろ失敗します。失敗というか、こういう仕事をしていると、いろいろな目にあいます。

心臓の手術をしたときも、オペルーム（手術室）では手術着を着るのですが、その下は、何も身につけていないわけです。

それで手術台に乗せられ、手術着を開けられ、消毒などが始まると、もう自分は物になったような気分になるのです。

みんなに見られて、もちろん、その場にいるのはプロの方たちですから、何も思われないのでしょうが、こちらとしては「全部、見られているのか」と思いながら、為す術もないわけです。

そのとき、これだけはやめてほしかったのですが、手術室の担当の看護師さんが、麻酔やその他の計器をつけられているときに、僕の耳元で「ファンです」と言われたのです。

裸を見られて、何の責任もとれない状態で、そんなことを言われて、「どうしよう」と思いましたが、どうしようもできないのが、本当に情けない気持ちになりました。

同じような思いを、以前にもしたことがありました。もう30年くらい前のことですが、盲腸の手術をしたときです。

それが初めての手術体験だったのですが、芸能人として、されるがままでいいのか、と考えてしまったのです。いまにして思えば馬鹿な話ですが、「さすが、芸能人だな」と思われなければいけないように思ったのです。

でも、そんな機会もないまま、オペが始まりました。

盲腸の手術を経験された方はご承知だと思いますが、たいていの場合は全身麻酔ではなく、下半身麻酔になります。

自分では胸から下は見えないようになっていて、基礎麻酔の点滴で、頭はボーッとしています。でも、意識はあるわけです。

お腹にメスが入って、中を見た執刀医の先生の、「これはすごい炎症だ」という声は聞こえました。

我慢に我慢を重ねての手術でしたから、悪化していたのでしょう。

でも、「ここで芸能人らしさを見せよう」と思いまして、先生の、「炎症（エンショウ）だ」のあとに、

「三遊亭《さんゆうてい》圓生（エンショウ）、なんちゃって」と言ってみたのです。

お腹が開いている状態で、冗談を言うなんてスゴい！　と思ったわけです。

ところが、久しぶりに声を出したのと、麻酔のせいで、ろれつがまわらなかったこともあって、うまく言えなかったのです。

執刀医には、なにかボソボソ言ったことは伝わったようで、

「どうしました？　なんですか？」と僕に聞くのです。

冗談というのは、2回言うものじゃありません。

「苦しいですか？」

さらに先生は、聞いてくれます。

「いえ、なんでもありません」と、これまたボソボソ。

すると、「酸素！」と先生が言って、どこからともなく現れたような酸素マスクが、ギューーッと顔にかぶさります。

ギャグがスベッて、酸素を吸わされたのは、初めての経験でした（笑）。

おわりに――
おかげさまで豊かな人生

本当に、あっちにぶつかり、こっちにぶつかりの人生ですが、ここまで、一人では何もできませんでした。

いろいろな人たち、偉大な人や、楽しい人や、間抜けな人にも出会って、だから人生が豊かになったと思っています。

もちろん、女房と出会い、家族に恵まれたことで、人生が彩られた。

考えてみますと、人の一生というのは、一回しか経験できないわけです。

日本は、世界の中でも長寿国です。女性の平均寿命は87歳、男性も80歳を超えています。それが短いのか、長いのかというのは一概には言えないでしょう。

●宇宙の時間、人ひとりの時間

以前、宇宙の番組のナレーションを担当したときに、地球自体は生まれて46億年、地球上に生物が生まれて38億年がたっている、と読んだことがありました。

でも、そんなのピンと来ないですよね。

46億年、38億年と言われても、果てしなさすぎて、実感がわきません。

それでも宇宙の中では、地球はまだまだヒヨッコのような存在なのだそうです。

そう言えるほど、宇宙というのは、すごい長い時間が流れているわけです。

その流れの中で、人ひとりの一生は、80年から90年。１００年にも満たないわけです。それこそ、あっという間に終わってしまうのです。

フッと吹けば飛んでしまうくらいしか、存在できないわけです。

そう思ったときに、どんな生き方をしたらいいのか。

前にもお話ししたことですが、どうも我々の世代は、小さい頃から、親や学校の先生から、「そんなことをすると笑われるよ」「そんなことをすると怒られるよ」というようなことを言われて育ち、その結果、「笑われないように」「怒られないように」というのが、生き方のベースになっているような気がします。

言葉を換えれば、人の評価ばかりを気にして生きてきたわけです。

でも、たとえ恥をかいたとしても、何億年も続かない。

あっという間に終わるというのは、どんなに恥をかいても、すべてチャラにしてくれるということでもあります。

ということは、死ぬときに、どういう死に方がいいのか。

「人様の評判を守ったなあ」と思って死ぬのがいいのか。

それとも、

「まだまだやり足りないけれど、一応は、やりたいことに沿って生きたな」

と思って人生を終えるのがいいのか。

人生は、どう終わるかわかりません。

明日、何かがあるかもしれないし、天寿を全うできるかもわからない。

でも僕は、後者のほうがいいと思ったので、いま、こういう不確かな仕事を営んでいるのかもしれません。皆さんはいかがでしょうか。

自分を喜ばすために生きる

「人を傷つけることはいけない」

「ルールは守らなければいけない」

人が生きていくときには、そうしたことはしていかないといけないことですが、
でも、それに加えて、

「もう少し、自分を大切にする」

ということも大事じゃないかと思うんです。

おかげさまで豊かな人生

「自分を大切にする」の「自分」は、心の針です。

針というのは、時計や計器の数字や目盛りを指すものですが、自分の針がどう振れるのか、振れないのかということを、もっと大事にしてもいいんじゃないか。

それが「夢」につながるんじゃないか。

前の章で、第一線で活躍している人の共通点は、いつも夢を語っていることだとお話ししました。

現実逃避ではない、いま自分が営んでいる世界での現実的な夢をもって、それをいつも語っている。

でも、これは、第一線の人だけのものではないでしょう。

誰だって、夢を語っていい。

いくつであっても、どんな状況であっても、夢を持っていきたいなと、僕自身も思うし、皆さんにも、そんな気持ちになってもらえたらと思うのです。

ただし、夢は変わっていいみたいです。

第一線の人と話していても、「この前に言っていたのは違うじゃん」というようなこともありますが、成長したから夢も変わったということもあるわけです。

一番いけないのは、夢がなく、ただ漠然と生きることです。

「どうせ私には無理だから」

「どうせ現実にはあり得ないから」

ではなくて、

「自分を喜ばす」——そのために、この人生を歩む。それが人生です。

自分を喜ばしていることを創造すること。それが自分の幸せになっていくのではないでしょうか。

最後に、僕の高校時代の同級生で、いま経営コンサルティングの会社をやっている男がいるのですが、最近、その彼が本を出したんです。

『50代から実る人、枯れる人』（松尾一也著、ディスカヴァー携書）というタイトルですが、その中に、ハーバード大学で、80年にわたって、724名を分析したら、「私たちを健康、幸福にするのは、良好な人間関係に尽きる」という結論が出た、ということが書かれていました。

明日からと言わず、いまからでもできそうじゃないですか。

自分を健康、幸福にするためには、おいしいものを食べる、運動もする。それも大事ですが、一番は良好な人間関係だというのです。

家庭内における良好な人間関係。

近隣の人たちとの良好な人間関係。

学校、職場における良好な人間関係。

これができたら、健康で幸せになれる、らしいです。

ぜひ、これをオススメしたいと思います。

貴重なお時間を、最後までおつき合いいただき、ありがとうございました。

渡辺　徹

著者プロフィール

渡辺 徹

わたなべ・とおる

1961年5月12日生まれ。茨城県古河市出身。劇団文学座所属。1981年、日本テレビ「太陽にほえろ！」でレギュラーに抜擢され、ラガー刑事役で人気を博す。翌年にゴールデンアロー賞新人賞（放送）、1984年にエランドール新人賞、2000年に菊田一夫演劇賞を受賞。ドラマ、バラエティ番組の司会などマルチな才能を発揮し、現在は舞台を中心にナレーションや声優など幅広く活躍。2015年からはお笑いライブ『徹☆座』・朗読公演「いまさらふたりで」「家庭内文通」をプロデュース。講演活動も精力的に行っていた。
2022年11月28日、逝去。61歳没。

【良いとこだけプロフィール】
（オフィシャルブログ「そこのけそこのけ　わたなべとおる」より）

劇団文学座座員／茨城県古河第一小学校児童会長／茨城県古河第一中学校生徒会長／茨城県立古河第三高等学校生徒会長／茨城大使／古河大使／淑徳大学　人文学部表現学科　客員教授／城西国際大学　メディア学部　特任教授／東京藝術大学　非常勤講師／ゴールデンアロー賞新人賞【昭和57年度】エランドール新人賞【昭和59年度】　菊田一夫演劇賞【平成12年度】／日本将棋連盟親善大使／第64回二科会写真部入選
妻　榊原郁恵／長男　渡辺裕太

渡辺徹オフィシャルブログ https://ameblo.jp/tohru-rugger/
渡辺徹の思い出写真館 https://tohruwatanabe.rec.tokyo.jp/

すべては出会い
——渡辺徹の愛され人生

2023年3月28日　初版第1刷発行

著　者　渡辺 徹
発行者　櫻井秀勲
発行所　きずな出版
東京都新宿区白銀町1-13　〒162-0816
電話03-3260-0391　振替00160-2-6333551
https://www.kizuna-pub.jp/

印　刷　モリモト印刷
ブックデザイン　福田和雄（FUKUDA DESIGN）

ISBN978-4-86663-198-1